사려 깊은 수다

사려 깊은 수다

여성은 이야기를 통해 어떻게 성장하는가

● 박정은 지음 ●

옐로브릭

머리말

비가 오고 바람이 심하게 부는 날도, 해가 너무 쨍쨍해서 걸음을 떼기 어려운 날도 우리는 멈추지 않고 걸음을 계속해야 합니다. 인생이라는 이 긴 여정을 마치는 순간까지 말입니다. 바로 그것이 우리가 맞닥뜨리는 매일의 일상인지도 모릅니다. 하지만 한번 상상해 보십시오. 혼자라는 생각에 마음이 쓸쓸할 때, 어디선가 불빛이 새어나오고 두런두런 나누는 이야기와 웃음소리가 들린다고 말입니다. 그리고 주저하다 조심스러운 마음으로 문을 두드렸는데 아주 편안해 보이는 자리가 당신을 위해 마련되어 있고, 모두가 한마음이 되어 각자 여행길에서 얻은 지혜를 나누는 시간이 주어졌다고 말입니다. 먼 길을 걸어온 사람의 이야기, 두려웠던 이야기, 재미난 이야기를 나누고, 그 안에서 발견한 의미를 챙겨 새로이 길을 떠나는 어떤 작은 오두막이 있다면, 그 공간은 하늘나라일 것입니다.

이 세상에서 평생을 여성으로 살아가는 삶은 어떤 것일까요? 싫든 좋든 우리 여성들이 살아가는 삶은 '여성의 삶'으로 규정되어, 전형적인 모습으로 빚어져 있습니다. 우리는 기기에 적응 하기도 하고 저항하기도 하면서, 또 그 자체를 사랑하기도 하면서 우리의 삶을 살아갑니다. 그 안에서 우리가 고유한 자기 목소리를 찾고 또 자신이 연주하는 삶의 멜로디를 이해할 수 있다면, 건조하고 메마른 일상에서도 사막 한가운데서 샘물을 만나듯 새로운 길을 떠날 힘을 얻으리라 생각합니다.

이렇게 때로 지친 삶을 돌아보고 서로의 이야기를 나누는 공간을 나는 '지혜의 원'이라 부릅니다. 이 '지혜의 원'에는 실패한 여성의 이야기가 있고, 슬펐던 어머니의 이야기가 있고, 아픔 속에 담긴 진실을 찾아낸 자매들의 이야기가 있습니다. 부끄럽게 여겨 마음속 깊이 묻어 둔 이야기들은 거룩합니다. 그 수치와 아픔 속에 신의 연민이 깃들기 때문입니다. 이 공간 안에서 나눈 이야기들은 거룩합니다. 일상의 아픔을 보듬고 걸어간 여성의 삶이 고스란히 담겨 있기 때문입니다. 두렵고 떨리는 마음으로 자기의 아픔과 고통을 대면하고,

다른 여성들과 함께 성장하기를 꿈꾸는 이야기가 있기 때문입니다.

나는 1997년부터 최소한 일 년에 한 번씩 이 '지혜의 원'이라는 피정을 지도해 왔습니다. 이 책은 바로 그 공간에 관한 이야기입니다. 이 공간에서 우리는 여성으로 살아가면서 가졌던 의혹과 질문을 다른 여성들의 삶에서 확인함으로써 그 의문들을 바라볼 수 있는 공간을 확보하고, 한층 자유롭게 일상으로 돌아갈 힘과 지혜를 얻습니다. 나는 그것이 여성으로서 혹은 한 인간으로서 성숙해 가는 중요한 과정이라 생각합니다.

그런 점에서 이 공간은 영성적이라고 할 수 있습니다. 영성spirituality은 '숨'이라는 뜻의 라틴어 '스피리투스spiritus'에서 왔습니다. 즉 영성적이라는 말은 숨을 쉰다는 뜻입니다. '지혜의 원'은 숨을 쉬는 공간을 의미합니다. 삶의 여정에서 밭은 숨을 몰아쉬며 힘들게 걸어가다가 이렇게 숨을 쉴 수 있는 공간으로 들어오면, 희미하던 삶의 윤곽이 뚜렷이 보이고 앞으로 나아갈 길이 좀 더 명료하게 나타나기도 합니다. 그렇게 정직하게 대면한 삶의 조각들을 가지고 한층 깊은 생의 자리로 내려가 지혜의 생수를 길어 올리고, 그 생수를 다른 자매들과 함께 나누어 마시는 자리가 바로 '지혜의 원'입니다.

이 책은 모두 세 개의 부로 구성되어 있습니다. 제1부는 '지혜의 원'의 구성 원리를 이야기합니다. 함께 모이는 작업 자체가 어떻게 여성들에게 힘이 되고 삶의 질을 변화시키는 원천이 되는지를 들여다보고, 여성의 영적 성장이 이루어지는 패턴, 상처의 치유, 공동체가 지닌 아름다움과 힘을 이야기합니다. 그리고 제2부에서는 여성 영성의 중요하고 실질적인 주제인 스토리텔링과 경청의 원리, 여성의 몸과 성, 그리고 여러 가지 감정을 알고 다루는 방법 등을 설명합니다. 마지막으로 제3부에서는 실제로 응용할 수 있는 작업, 예를 들어 모임을 여는 작업, 이야기를 나누는 작업, 춤 작업, 모임을 마치는 작업 등을 소개합니다. 특별히 제3부에 실은 자료들이 앞으로 이런 모임을 준비하고 꿈꾸는 분들께 실질적 도움이 되었으면 좋겠습니다. 여기 소개한 작업들은 그간 피정을 준비하면서 만든 저 개인의 저작임을 밝혀 두며, 상황에 따라 창의적으로 바꾸어 요긴하게 쓰시기 바랍니다.

이 책을 채우는 내용들은 대부분 피정에 참여한 여성들이 들려준 이야기에서 얻은 것들입니다. 그분들이 자신의 상처를 내보이며 함께한 작업을 통해 얻은 귀한 보석들입니다. 이 책에 등장하는 인물들의 지역이나 나이는 핵심이 전달되는 한에서 변형했음을 알려드립니다. '지혜의 원'에 함께한 많은 자매들이 없었다면 이 책이 나올 수 없었을 것입니다. 물론 이 책에서 어떤 오류나 한계가 발견된다면 그것은 온전히 저의 한계와 오류임을 밝혀 둡니다.

　내가 여성들의 모임에서 늘 위로받고 힘을 얻었던 것처럼, 이 책을 통해 더 많은 여성들의 모임이 생겨나 사랑과 지혜의 살아 있는 그물을 짤 수 있으면 좋겠습니다. 거기서 자매들의 한숨과 눈물이 위로받고, 거친 일상을 용기 있게 살아낸 지혜가 우리 생의 어둠을 등불처럼 밝혀, 가야 할 길을 분명하게 깨닫는 경험을 더 많이 할 수 있었으면 좋겠습니다. 마지막으로, 여성성이 참으로 아름답고 강하다는 사실을 몸소 보여주신 제 어머니와 '지혜의 원'에서 함께했던 모든 자매들에게 이 책을 바칩니다.

2016년 1월

버클리에서

박정은

1부

—

지혜의 원
여성의 영성

여성은 어떻게
성장하는가

나는 여신을 찾았다.
바로 내 안에서.

– 매리언 짐머 브래들리 Marion Zimmer Bradley

삶이란 인간에게 단 한 번 주어진 축복이며, 동시에 누구도 대신해
줄 수 없는 자신만의 고유한 과업입니다. 그렇다면 과연 여성으로서
어떻게 사는 것이 잘 사는 삶이고 성숙한 삶일까요? 누구나 한 번쯤
은 이런 고민에 빠지거나 이런저런 책을 뒤져 본 경험이 있을 것입
니다.

　인간학, 종교, 심리학, 정치, 사회, 경제 등 여러 영역을 두루 통
합하여 삶의 의미를 담아내는 포괄적인 개념이 있다면 과연 무엇일

까요? 나는 그것이 바로 '영성spirituality'이라고 말하고 싶습니다. 그런데 오늘날 영성이 인기 있는 단어가 되면서, 사람들이 저마다의 개념과 이해를 가지고 영성을 이야기하고 있는 듯합니다. 영성에 관해 대화를 나누다 보면 각자 참 다른 이야기를 하고 있다는 느낌이 들 때가 있습니다.

영성은 본래 기독교에서 금욕을 통해 덕을 쌓는 소수의 수도자들과 관계된 개념이었습니다. 그러다가 이후 인간의 폭넓은 삶과 경험을 다루는 독립적인 학문으로 발전했습니다. 특히 미국에서는 샌드라 슈나이더스Sandra M. Schneiders를 위시한 여성주의 신학자들이 영성학을 이끌었기 때문에, 여성주의 영성 혹은 여성영성에 관한 연구가 주류를 이룹니다. 이들의 관심은 기독교 교리나 기독교적 경험으로 인정되는 것들이 대부분 남성 중심적이라는 사실을 밝히고, 가려져 있던 여성의 삶을 복원하는 것입니다. 또한 여성영성은 여성뿐 아니라 환경·생태 문제에도 관심을 가지며 가난한 자와 성소수자 등 주변인으로 살아가는 이들과 연대하면서 학문적으로 발전했습니다.

이런 맥락에서 여성영성은 여성의 총체적 삶의 체험들을 들여다보고 그 의미를 찾는 데 중점을 둡니다. 나는 이런 여성영성의 흐름에 속해 있는 연구자로서, 기독교 전통 안에서 내가 가진 여성으로서의 경험을 기반으로, 아픔과 상처 너머에 존재하는 여성의 삶이 어떤 가능성을 지니는지 그 깊이와 넓이에 대해 전혀 새로운 인식과 통찰을 얻게 되었습니다.

내가 이해하는 영성은 '삶의 예술art of living'입니다. 인간은 누구나 자신에게 주어진 고유한 시공간 안에서 자기만의 삶을 살아갑니다. 내가 이해하는 성인聖人이란, 그 삶이라는 조건으로 멋진 예술을 창조해 낸 사람입니다. 삶을 독특한 예술로 만들어 가기 위해서는 자신의 고유한 체험을 잘 해석하고 거기서 의미를 찾아내는 과정이 필요한데, 영성이란 바로 그 과정을 다루는 일이라 할 수 있습니다.

욕구를 인식하기

—

여성영성은 특별히 내면의 경험을 관찰하고 성찰하는 작업을 기초로 합니다. 그중에서 '욕구'를 인식하는 것은 매우 중요합니다. 하지만 사회에서 늘 타인 중심의 삶을 살도록 강요받는 여성들에게 자기 욕구를 발견하기란 결코 쉽지 않은 도전입니다. 그래서 여성영성을 연구하는 이들은 삶에서 일어나는 욕구가 중요한 영적 성장의 계기가 될 수 있다고 주장합니다.

일반적으로 욕구라는 말은 굉장히 이기적인 개념으로 들리며, 어떤 종교에서는 욕구를 성적 욕구로만 제한해서 이해하기도 합니다. 하지만 우리가 다루려는 욕구는 생존을 위한 기본적 필요 그 이상으로서, 영혼 깊은 곳에서 뜨겁게 솟아오르는 열정, 진정한 자기 자신이 되기 위해 끊임없이 노력하게 하는 삶의 에너지라고 할 수 있습니다. 우울증과 기억력 감퇴, 무기력증, 자살 충동 등으로 고통 받는 여성들을 보면, 놀랍게도 그들 안에 어떤 욕구가 강히게 억압되어 있었다는 사실을 깨닫는 데서부터 치유가 시작됩니다.

자기 안에서 일어나는 욕구들을 잘 바라보고, 그것을 존중하기로 결정하고, 그것에 책임지며 살아가는 전 과정을 통해 우리는 성장합니다. 내가 만나 이야기를 나눈 여성들을 보면, 자신의 욕구가 부도덕하거나 수치스러운 것이면 어쩌나 하는 두려움을 지니고 있었습니다. 특히 성적 욕구에 대해서는 수치심 때문에 더 이상 생각하려 하지 않고 즉각 덮어 버리곤 합니다. 그러나 성적 욕구도 좀 더 깊이 들여다보면, 행복한 가정을 이루고 싶은 욕구나 사회적으로 자기 자리를 가지고 싶은 억압된 욕구, 혹은 어떤 소망의 다른 이름일 수 있습니다.

대만에서 온 한 유학생의 아내를 만난 적이 있습니다. 그녀는 우연히 남편이 공부하는 학교에서 수업을 하나 들었는데, 하늘이 새로 열리는 듯한 기분을 느꼈다고 했습니다. 부담감에 눌려 공부에 부진

한 남편과는 달리, 그녀는 책을 한 권 한 권 읽어 가면서 큰 행복을 발견했습니다. 그런데 남편은 이런 아내가 못마땅했고, 아내의 공부 욕심이 가정불화를 낳았다고 생각했으며, 공부를 하지 말라고 압박하기 시작했습니다. 그러나 그녀는 굴하지 않고 공부와 가사노동을 철저히 병행했습니다. 결국 남편은 공부를 포기하고 대만으로 돌아갔습니다. 남편과 결별한 그녀는 그곳에서 홀로 일하고 자녀를 키우며 공부를 계속하기로 결정했습니다. 경제적으로 무척 어려웠지만, 꿋꿋하게 수년간 견디며 자신이 누구인지, 어떤 가치를 지닌 존재인지를 충분히 숙고한 후 대만으로 돌아갔습니다. 그녀는 학문적 성취를 이루지도 않았고, 세상이 말하는 성공을 한 것도 아니지만, 자신과 자신의 삶에 대해서는 충분한 식견을 가지고 돌아갔다고 나는 믿습니다.

이런 경우 우리는 이 여성은 공부에 빠져 가정을 돌보지 않은 이기적인 사람이라고 쉽게 판단해 버리기 쉽습니다. 더구나 자신을 질책하는 내면의 소리는 외부에서 보내는 질책과 비판의 소리보다 훨씬 무겁고 혹독합니다. 대화를 하며 내가 느꼈던 것은, 그녀가 가장 힘들었던 것이 자기 불신과 그로 인한 무력감이었다는 사실입니다. 생각해 보면, 그녀가 공부를 한다는 것은 자신의 삶을 다시 한 번 돌아보고 생각해 볼 수 있는 공간을 확보한다는 데 의미가 있습니다.

공부해서 무언가가 된다든가 성공한다든가 하는 것이 아니라 그 욕구, 내면의 소리를 통해 자기가 누구인지를 알아가는 것입니다.

그런 면에서, 어떤 욕구가 옳다, 나쁘다 생각하기보다는, 그 욕구가 어디서 오며 또 어떻게 내 삶에 자리를 잡을 수 있는지 식별해 가는 것이 중요한 태도라고 볼 수 있습니다. 영혼이 자유로울 때, 있는 그대로 나의 욕구를 바라볼 때, 그 욕구가 내게 가르치는 바는 명료해질 것입니다.

욕구는 자신의 고유한 삶을 찾아가게 하는 에너지입니다. 인간은 욕구를 통해 자신을 찾고 삶의 지평을 넓혀 갈 수 있습니다. 자신이 원하는 것을 찾고 이루어 가는 과정, 그것은 진정 영적으로 충만한 삶입니다.

자연스럽게 자기를 받아들이는 법
—

이처럼 영성은 내면의 욕구와 경험에 관심을 두기 때문에, 삶의 단계마다 충족되어야 할 욕구와 그것이 충족되지 못했을 때 일어나는 여러 반응을 연구하는 심리학, 특히 발달심리학과 깊은 관계가 있습니다. 미국에서 발전한 자아심리학은 삶의 여정을 발달 단계 모델을 통해 제시하는데, 그중 잘 알려진 모델이 에이브러햄 매슬로우 Abraham Maslow의 욕구 발달 단계입니다. 그에 따르면 인간은 먼저 생리적 욕구, 예를 들어 식욕, 성욕, 수면욕 같은 기본적인 욕구를 충족시키려 합니다. 생리적 욕구가 충족되고 나면 안전을 추구합니다. 안전의 욕구가 채워지면 사랑하고 사랑받으며 어딘가에 소속되고 싶은 애정의 욕구가 충족되어야 합니다. 그다음 단계가 존경의 욕구인데, 이는 자기 존중 혹은 자기 삶에 대한 만족감, 자율성, 사회적 지위나 인정을 얻고 싶은 욕구입니다. 이런 욕구들이 채워지면 인간은 자아 실현, 참된 자아의 추구, 영성 등에 관심을 가지게 되는데, 이런 것들이 가장 상위의 욕구입니다.

일리 있는 이론이지만, 나는 욕구조차 이렇게 상하로 구분해야 하나 싶습니다. 이 모든 욕구는 우리 안에 공존합니다. 배고픈 사람도 참된 자아를 실현하고픈 욕망이 있고, 사회적으로 명망 있는 사람도 안전의 욕구를 충실히 따르는 행동을 지속합니다.

이전에는 영성을 이야기할 때 하나의 통합된 정체성을 추구하는 개념으로 '통합integration'이라는 용어를 많이 사용했습니다. 단순하게 예를 들어 보면, 자녀가 있는 여성은 엄마라는 주된 정체성 안에 다른 모든 정체성을 담아야 한다는 뜻입니다. 그러다가 포스트모던 사회로 들어서면서 '총체적 접근wholistic approach'이라는 개념을 말하기 시작했습니다. 존재의 다면성polyvalence을 이야기하는 포스트모던 철학의 총체적 접근을 수용한 영적 성장 모델은, 자신 안의 다면성이야말로 인간 실존의 특징임을 인정합니다. 일정 부분 통합되지 않고 조각조각 남아 있는 부분들을 있는 그대로 수용합니다. 자신이 중요하다고 생각하는 어떤 한 가지 정체성에 충실하기 위해 다른 면들을 억누르는 것이 아니라, 자신이 아직 잘 모르는 부분들도 포함하여 총체적으로 있는 그대로의 자신을 받아들이는 것이 바람직한 자아상을 가지는 길이며, 바람직한 영성 추구의 태도라는 것입니다.

우리는 완전하게 통합된 자아를 꿈꿀지 모르지만, 그런 자아는 이상으로만 존재합니다. 나는 인간이란 어떤 존재가 될 것인지 정해져 있다기보다는 삶의 과정을 통해 어떤 존재가 '되어 간다'고 봅니다. 인간 안에는 통합될 수 없고 또 통합되어서는 안 되는 부분이 존재합니다. 그런 면에서 볼 때, 영적으로 성숙한 사람이란 무엇보다 자연스러운 사람일 것입니다. 결점이 많아도 유머 감각이 풍부하고 즐거운 사람이, '거룩해지려고' 애쓰다가 딱딱하게 굳어 버린 사람보다 훨씬 성숙한 사람입니다.

장자의 〈혼돈〉 이야기를 보면, 숙과 홀이라는 왕이 혼돈을 만나는 장면이 나옵니다. 혼돈이 매우 기뻐하며 극진히 대접하자 숙과 홀은 은혜를 갚고자 합니다. 그런데 그들이 보니 다른 사람들은 눈과

코와 입과 귀, 모두 일곱 개의 구멍으로 숨을 쉬는데 혼돈에게는 구멍이 하나도 없었습니다. 그래서 혼돈의 불편을 덜어 주고자 하루에 하나씩 혼돈의 얼굴에 구멍을 뚫어 주었는데, 혼돈이 그만 칠 일째 날에 죽고 말았습니다. 혼돈의 상태 그대로 두고, 굳이 형태를 만들려 애쓰지 말라는 장자의 무위의 지혜를 알려주는 이야기입니다. 억지로 자신을 통합할 것도 없고, 마음에 들지 않는다고 자기의 고유한 모습을 다 없앨 것도 없습니다. 물론 악습을 고치지 말라는 뜻이 아닙니다. 자기 안의 부족한 부분들을 그대로 받아안는 것이 성숙한 삶이라는 뜻입니다.

독립적인 영웅 vs. '우리성'의 연대
—

심리학에서는 대개 한 인간이 얼마나 독립적인지, 부모나 스승에게서 얼마나 실제적·심리적 독립을 이루었는지를 영적 성숙의 기준으로 삼습니다. 다니엘 레빈슨Daniel Levinson 같은 심리학자는 인간은 타자의 틀에서 벗어나 독립적인 인간이 되는 과정을 거쳐 성장한다고 이야기합니다. 이런 모델은 서구인의 심성에 배어 있는 영웅 이미지를 반영합니다. 호메로스의 《오디세이아》 같은 고대 그리스 서사시

들을 보면, 영웅은 대부분 집을 떠나 모험을 합니다. 그들은 새로운 곳을 향해 가면서, 갈등을 만나면 해결하고 과제를 수행하면서 성숙한 인간이 됩니다. 그리고 마지막에는 고향으로 돌아옵니다.

그런데 많은 여성주의 심리학자들은, 여성의 경험에 비추어 볼 때 이런 모델은 여성을 열등한 존재로 만들 뿐이라고 이야기합니다. 다시 말하면, 이들은 독립적인 인간으로서 무언가를 혼자 헤내는 것을 성숙의 척도로 보는 틀을 거부합니다. 여성들은 관계 중심적으로 살아갑니다. 내 기억으로는 중고등학교에 다니는 한국의 여학생들은 쉬는 시간에 친구와 함께 화장실에 다녀오며, 길을 가다 배가 고파도 웬만해서는 혼자 식당에 들어가 식사를 하지 않습니다. 그런데 그것이 열등한 걸까요? 나는 지금도 기억합니다. 고등학생 시절, 단짝 친구와 화장실에 같이 가는 시간이 얼마나 즐거웠는지를 말입니다. 그 시간에 이런저런 이야기도 하면서 바람을 쐬고, 함께 다음 시간 수업을 준비했습니다. 물론 혼자서 자연스럽게 식당에 들어가 요리를 주문해서 먹고, 혼자서도 무슨 일이든 잘 해내는 여성들이 멋있는 것도 사실이지만, 여성의 깊은 속내에 자리 잡은 함께하고자 하는 속성을 존중할 필요가 있다고 생각합니다. 혼자 씩씩하게 일을 처리해야 하는 순간도 많지만 여전히 '우리성we-ness'은 여성의 삶을 크게 지배하며, 바로 그 '우리성'을 통해 여성은 함께 성숙해 갑니다.

이런 경험을 바탕으로, 여성영성학자들은 여성의 성숙도는 독립성보다는 관계성에 있다고 주장합니다. 특히 여성주의 발달심리학의 고전이라고 할 수 있는 캐럴 길리건Carol Gilligan의 《다른 목소리로》[1]는 관계, 특히 모녀 관계 혹은 자매 관계가 어떻게 여성을 성숙으로 이끄는지 이야기합니다. 캐럴 길리건은 여성의 자아를 가리켜 '관계 속의 자아self in relation'라는 표현을 쓰는데, 여성들은 경쟁적인 개인주의 구조에서보다는 관계 안에서 대화를 통해 더 많은 지식과 식견을 가지게 된다는 그의 주장을 함축하는 표현입니다.

웨슬리 여자대학 스톤 센터에서 나온 연구 결과를 보면, 어머니와 아주 친밀하거나 다른 자매들과 친밀한 관계를 맺는 여성들이 새로운 상황에서의 대처 능력, 창의성, 그리고 자신감이 높은 것으로 드러났습니다.[2] 개인적이고 도전적인 방식으로 성숙해 가는 남성과는 달리, 여성은 감성적이고 조화로운 관계를 통해 리더십도 배우고 문제를 해결하는 방식을 익혀 갑니다.

그럼 여성은 태어날 때부터 관계성을 더 가지고 있는가 하는 의문이 드는데, 태어날 때부터 그렇다기보다는 사회적으로 성장하면서 그런 특성을 지니게 된다고 이해해야 할 것 같습니다. 여자아이들은 일찍부터 다른 사람들의 느낌을 살피고, 사랑하는 관계가 주는 행복감을 배웁니다. 더 나아가, 다른 사람과 맺는 관계를 통해 자신이 어떤 사람인지 알게 됩니다. 여성의 삶에서 감정과 공감 능력은 영적 성숙의 기본 역동으로 작용합니다. 남성 중심의 발달 모델은 한 사람이 다른 사람과 차별화함으로써 건강하고 독립된 자아를 형성한다고 보지만, 여성영성의 발달 모델은 관계를 중심에 두고 공동체성을 강조합니다. 문화적으로 자매애와 우리성이 강한 한국 사회에서, 이와 같은 여성영성 발달 모델은 더욱 자연스러운 것일 수 있겠습니다.

모든 사람이 영웅으로 살지는 않습니다. 평범한 일상을 충실히 살아가는 대부분의 평범한 여성들에게 자매애는 큰 힘과 용기를 줍니다. 우리 곁의 자매들이 소중한 까닭은, 평범한 일상을 같이 살아가면서 우리 삶의 순간순간에 함께 마침표를, 그리고 느낌표를 찍어 주기 때문입니다. 그들은 삶의 고비마다 함께 가슴 졸이고, 함께 뛸 듯이 기뻐해 줍니다. 여성의 삶에서 교회 모임이나 친구들의 모임이 중요한 이유는 그들이 우리 삶의 중요한 증인들이기 때문입니다. 나중에 보면 그리 특별한 것도 아니지만, 슬프고 기쁜 인생의 순간들에 함께해 주는 자매들이 있었기에 삶의 이야기들은 빛을 발합니다. 그렇기에 여성의 영성에서 동료와 함께하는 자리, 그리고 공동체는 참으로 중요합니다.

이와 같은 모임은 여성의 삶에서 대안적인 관계, 즉 제3의 공간을 제공합니다. 현대 영성학에서 새롭게 대두되는 주제는 생태 영성과 '상호관계성'입니다. 어떤 생명도 서로 연결되어 있지 않은 것이 없으며, 이 생명의 그물에서 어느 한 생명이 파괴되면 결국 자기 생명까지 파괴되고 맙니다. 불가에서는 모든 것은 순간이며 서로 연결되어 인과를 이루고 또 인연을 맺는다고 가르칩니다. 그러나 어디 불교뿐일까요. 모든 종교와 영성은, 아무리 작은 생명이라 할지라도 서로 관계없는 것이 없고 우리는 모두 관계라는 그물망 안에 존재한다고 가르칩니다.

결국 인간은 다른 사람 및 사물과의 관계 속에서 성장해 가고 온전해진다고 볼 수 있겠습니다. 보통 사람보다 많이 배우고 좋은 집을 소유하고 있으면서 고통 받는 이웃에게 공감할 수 없다면, 삶의 이치를 전혀 깨닫지 못한 사람임을 스스로 증명하는 셈입니다. 주변부에 있든 중심부에 있든 어디서나 편안할 수 있다면, 즉 가난할 때도 견딜 만하고 넉넉할 때는 따스하게 나누고 싶다면, 그 사람은 성숙한 영성을 지닌 존재입니다.

건강한 우리성을 위한 제안

공동체는 분명 여성을 건강하게 하고 영적으로 성장하게 합니다. 서구 사회의 경우, 개인주의 문화에서 독립적이어야 한다는 강박 탓에 고립감 속에서 힘들어하는 여성들을 많이 만나게 됩니다. 그들은 자기의 약점과 아픔을 나누는 방법을 잘 모릅니다. 그러다 보니 약물이나 섹스에 중독되기도 하고 술에 빠지기도 합니다. 반면 한국 여성들은 자매애를 잘 발휘하면서 살아가는 편이지만, 가깝다는 이유로 자기 문제와 타인의 문제를 구분하지 못하는 모습을 자주 봅니다. 자매나 친구의 문제를 해결해 주지 못하면 죄의식을 느끼거나, 자신이 감당할 수 없는 문제를 가지고 대신 끙끙대다 결국 해주고 나서 화를 내거나 뒷말을 합니다. 심리적인 거리가 너무 없다 보니 "너만 알고 있어"라는 이야기가 돌고 돌아 당사자의 귀에 다시 들어가 깊은 상처를 주기도 합니다.

우리성이 강한 관계에서는 상대의 느낌을 자신의 느낌처럼 체험하게 되는데, 이런 공감력은 부작용도 적지 않습니다. 예를 들어, 어떤 사람과 관계가 잘못되면 무조건 자기를 탓하는 여성들이 많습니다. 이웃이나 친구, 가족에게 불행한 일이 생기면 자신의 잘못을 찾기에 급급한 사람도 있습니다. '내 친구가 이렇게 불행한데 아무것도 하지 않는 나는 너무 이기적이지 않은가' '내가 희생하지 못해서 내 친구가 불행에 빠진 것이 아닌가' 등등 자기를 질책하는 내면의 목소리가 불편한 심기에 불을 지릅니다.

성찰 —

이런 경우 아주 유용한 영성 훈련 한 가지를 소개하자면, 지금 마음에 생겨난 이 불편함이 자신의 문제인가 상대방의 문제인가, 혹은 자기로 인한 문제인가 상대방에 기인하는 문제인가를 구분하는 것입니다. 상대방의 문제에서 출발한 것이라면 불편해할 필요가 없습니다. 도와주고 싶다면 할 수 있는 만큼 기꺼이 도와주고, 자신이 할 수 없는 일이라면 포기해야 합니다(우리는 자기에게 없는 것을 타인에게 줄 수는 없습니다).

나아가, 남의 문제 때문에 힘들어하는 자기의 진짜 문제는 무엇인지, 또 만일 자신의 책임이 있다면 그것이 무엇인지 객관적으로 따져 보아야 합니다. 이를 위해서는 자기에 대한 지식이 필요합니다. 자신의 의식이 어떻게 흘러가는지를 일상적으로 성찰하면서, 부정적인 상황에서 내면에서 일어나는 즉각적인 반응을 살펴보는 것은 중요한 영성 훈련입니다. 성장 과정이나 기질에 따라 다르지만, 사람은 누구나 약점을 가지고 있습니다. 시기, 질투, 탐욕, 분노, 교만,

게으름 같은 것들 말입니다. 갈등 상황이 올 때 이런 약점이 자신 안에서 어떻게 작동하는지를 이해하고 있다면 더욱 성숙하게 타인과 관계를 맺을 수 있습니다.

거리 유지하기 —

미국에 살면서 내게 구원적으로 다가온 개념이 있는데, 바로 서로간의 거리 혹은 경계입니다. 영성 지도를 할 때도 가장 주의할 점으로 가르치는 것이 거리 유지하기입니다. 다시 말해 타인의 개인적 영역을 존중하고 침해하지 않는 것입니다. 이런 면에서 여성 그룹은 많은 훈련이 필요합니다. 자신이 만나는 사람의 아픔에 깊이 공감하다 보면, 이것이 자기의 문제인지 그 사람의 문제인지가 모호해지는 경우가 많습니다. 상대의 문제에 골몰해서 당장 해결해 주어야 할 것처럼 느끼거나, 답을 내려 주려는 태도는 자기와 타자 사이의 적절한 거리를 이해하지 못한 데서 옵니다.

관계에서 알 필요가 없는 부분은 굳이 알려고 하지 말고, 상대방이 나누고 싶어 하지 않는 부분은 존중해 주어야 합니다. 상대를 위해서 이야기를 듣는 것이 아니라 자신의 호기심을 채우기 위해 듣는 사람이 있습니다. 그러다 보니, 자신의 흥미에 따라 이것저것 묻게 됩니다. 상대의 이야기를 들을 때 반드시 기억해야 할 것은 이 시간이 이야기하는 사람의 유익을 위한 것이지, 듣는 사람을 위한 시간이 아니라는 점입니다. 아무리 가까운 사이라 하더라도, 우리는 그 사람의 내면을 속속들이 알 수 없으며, 또 알아서도 안 됩니다. 그 사람의 고유한 내면의 자리는 그대로 모르는 채 지나쳐 주는 지혜가 필요합니다.

세련된 공감 —

상대방의 이야기를 듣고 자기 이야기를 나눌 때 꼭 필요한 것은 공감하는 능력입니다. 앞에서도 이야기했지만, 일반적으로 여성들은 공감 능력이 발달했고, 그중에서도 한국 여성들의 공감력은 매우 높은 편에 속합니다. 그러나 우리는 이 공감력을 좀 더 세련되게 다듬을 필요가 있습니다. 세련된 공감이란 남의 이야기를 듣고 판단하지 않는 것, 답을 주려 하지 않는 것, 남의 말을 자르지 않는 태도를 포함합니다.

한국 여성의 모임에서 가장 흔하게 보는 한계 혹은 약점은, 젊은 사람이 어떤 고민을 나누면 연장자가 정답을 주려 하는 것입니다. 특히 한 그룹에서 가장 나이가 많은 연장자는, 모든 고민에 대해 자신의 경험에 비추어 답을 주려 하고, 젊은 사람 또한 질문에 대한 해답을 듣고 싶어 하는 경향을 보입니다. 그러므로 나보다 나이가 어린 사람들과 대화를 나눌 때, 세련된 공감을 위해 기억할 원칙은 젊은 세대가 경험하는 일들은 늘 새로운 것이며, 내가 상대에게 배울 점은 무엇인지를 잘 헤아려야 한다는 것입니다. 각자의 경험은 고유한 것임을 인정하면서, 그 경험 안에서 스스로 의미를 찾을 수 있도록 경청하는 자세는 다른 여성에게 제공할 수 있는 친절한 배려입니다. 또한 연장자와 대화를 할 때는, 자신의 어머니로 혹은 언니로 생각하지 말고, 동등한 여성으로 서로 대화하고 있음을 기억하는 것이 좋습니다. 이 경청의 공간에 자신과 어머니가 가지는 독특한 관계가 끼어들지 않도록 해야 하고, 자신 안에 일어나는 여러 가지 감정을 잘 인식해야 합니다. 나이가 든 사람이 더 지혜로운 것도 아니고, 나이가 어린 사람이 무조건 미숙한 것도 아님을 기억하면서, 상대방이 내 삶의 문제를 해결해 주리라는 기대를 접고 상대의 이야기를 온전히 듣는 것이 본질적인 경청의 원칙입니다.

상처받지 않는 훈련 ─

어떤 관계를 맺든, 어떤 대화를 나누든, 누구나 상처를 받을 수 있습니다. 여기서 짚고 넘어가야 할 중요한 영적 과제는 스스로 상처받지 않는 훈련입니다. 사실 사람들은 남에 대해 부정적인 말을 하거나 뒷말을 할 때 그다지 심각하게 이야기하지 않습니다. 심지어 남의 말을 하고 잊어버리기도 합니다. 그러나 소문이나 뒷말로 상처를 받은 사람들은 이를 오랫동안 기억합니다. 그래서 프란치스코 교황은 험담을 하지 않으면 성인이 된다고 말하기도 했습니다. 그러나 현실적으로 남의 말을 전혀 하지 않기는 어렵습니다. 우리가 선택할 수 있는 좀 더 성숙한 태도는, 다른 사람의 말에 상처를 받을 때 자신도 무수한 실수를 했음을 생각하고 상대에 대해 좀 더 너그러워지는 것이 아닐까 싶습니다.

또한 이런 상황에서 할 수 있는 중요한 내적 작업은, 그런 말을 들을 때 자신의 느낌과 정서가 어떠한지를 파악하는 일입니다. 그것은 어떤 감정이고, 그 감정이 어디에서 오는지, 혹은 그와 비슷한 경험이 있었는지, 또 그것은 무엇이었는지를 떠올려 보는 것입니다. 이 부정적인 감정을 충분히 이해하고 나면, 자신이 받은 비난이 전혀 터무니없지는 않다는 것을, 나의 언행이 그렇게 보일 수 있음을 좀 더 쉽게 인정할 수 있게 됩니다. 나의 경험으로 볼 때, 마음을 가장 아프게 하고 화나게 하며 오래 기억에 남는 비난들은, 사실 내가 모르는 것이 아니고 터무니없는 것은 더욱 아니며, 바로 나 스스로 아직 받아들이지 못한 치명적인 약점을 두고 한 비난이었던 것 같습니다. 그걸 인정하고 나면 다른 사람들에게 화를 내는 것이 무의미해집니다.

가족 안에 매몰되지 않기 —

우리성을 추구하다가 자칫 잘못하면 관계에 매몰될 수 있습니다. 부부 관계에서는 남편의 필요를 늘 중심에 두고 자신보다 남편을 먼저 챙겨야 한다고 생각합니다. 또한 자녀와 거리를 두는 것이 실제로 거의 불가능해 보이는 여성들도 많으며, 자신이 이루지 못한 꿈을 자녀에게 강요하는 경우도 흔하게 봅니다. 여성이 영성을 가꾸어 갈 때 자녀와의 관계는 축복이기도 하지만 가장 큰 걸림돌이 될 수 있습니다.

어머니와 지나치게 가까운 딸은, 자신의 고유한 정체성을 찾는 일이 어려운 과제가 되기도 합니다. 엄마의 삶과 자기 삶이 어떻게 다른지를 알고, 자신이 선택한 삶이 가족을 아프게 한다 할지라도, 혹은 엄마의 기대를 저버리게 된다 할지라도, 자기 선택을 따라가는 용기와 결단이 필요합니다. 마찬가지로 어머니도 자녀가 자신의 인생을 살도록 지지하는 역할에 충실하면서, 오랜 시간을 통해 가장 깊은 곳을 이해해 주는 친구가 되어야 합니다.

여성의 삶이 가족 안에서 주어진 역할과 의무를 다하는 것뿐이라면, 그 삶은 너무 건조하고 지루한 것이 됩니다. 가족에게 끝없이 베풀기만 하고 자신의 공간이 없는 삶은 공허합니다. 남편과의 관계보다 자녀와의 관계에 비중을 둔 경우는 더 심각합니다. 자녀들이 성장해서 독립하면 갑자기 공황이 찾아옵니다. 그들이 자기 직업을 찾아 떠나거나 배우자를 만나 생의 새로운 장을 시작할 때, 어떤 어머니들은 깊은 상실감을 느낍니다.

예순에 접어든 한 여성이 있었는데, 항상 사교적이고 호감이 가는 사람이었습니다. 딸이 결혼을 하게 되자 거뜬히 일을 치러냈고 큰 기쁨을 느꼈습니다. 그리고 늘 입버릇처럼, 이제 할머니가 되어 손녀를 한번 안아 보고 싶다고 말했습니다. 그렇게 기다리다가 마침내 딸이 임신을 했고 아기가 태어났습니다. 그런데 이상한 일이었습니다. 모두가 기뻐하는 가운데 그녀는 갑자기 이해할 수 없는 깊은 서글픔을 느꼈습니다. 그녀는 혼자 고요한 곳을 찾아가 소리 내어 울었다고 했는데, 그 슬픔이 무엇이었냐고 물으니 "내가 이 자리에 없어도 그만이라는 생각에 서글펐다"고 대답했습니다. 새 생명의 탄생을 기뻐하는 자리에서 자기는 더 이상 주인공이 아니라고 느꼈고, 딸과 아기가 무대 중심에 있는 모습이 이상하게 견디기 힘들었다는 것입니다.

이 이야기는 내가 들은 가장 정직한 나눔 중 하나입니다. 다음 세대에게 주인공 자리를 넘겨주고 자신은 배경이 되어야 한다는 생각이 즐겁지 않은 것은 당연합니다. 다만 이런 감정을 펼쳐 놓을 공간이 없다는 것이 유감일 뿐입니다. 나는 우리가 사회에서 이야기되지 않는 경험과 느낌들을 더 많이 공유하고 이해하며, 또 비판적인 시각으로 식별하는 경험을 더욱 확장하기를 바랍니다.

대부분의 여성은 갱년기가 오면 우울해집니다. 생리가 그치고, 자신이 더 이상 여성이 아닌 것 같아 당혹스럽습니다. 자녀를 출산할 수 있어야만 여자라는 이해는 지나치게 편협한데도, 사회는 여성성을 이렇게 축소하는 경향이 있습니다. 여성들이 자신의 여성성을 출산과 양육의 관점에서만 이해한다면, 갱년기 이후의 삶은 황무지같이 무의미할 것입니다. 어떤 면에서 갱년기 이후의 여성은 사회가 강요한 여성성을 극복하고 인간성을 실현하는 복된 시간일 수 있습니다.

소녀에서 여신으로

—

여성이라는 존재는 인생에서 어떤 과정을 거치며 성숙해 가는 걸까요? 여성으로서 자신이 지닌 모든 것을 온전히 살아낸 이상적인 사람의 상징으로 여신을 말하곤 합니다. 그런데 이 여신은 기독교의 신관처럼 절대적이고 완전한 초월적인 존재가 아닙니다. 그리스 신화나 여러 민족의 전설과 이야기에 등장하는 신들은 감정도 있고 결함도 있어서 다분히 인간적입니다. 우리나라의 신화가 고스란히 남아 있는 제주 신화를 보면 대부분의 신이 인간입니다. 여신의 개념은 이런 맥락에서 이해해야 합니다. 그러니까 인간의 원형을 정직하게 보여주면서도 인간적 조건을 온전히 살아낸 좋은 모델로 이해할 수 있겠습니다.

그런 점에서, 모든 여성은 자신의 내면에 여신을 담고 있습니다. 삶은 그 내면의 여신을 실현하는 여정입니다. 꿈 많던 소녀가 어른이 되어 결혼을 하거나 독신의 삶을 살아갑니다. 어떤 길을 선택했든, 서른을 넘어 마흔을 바라보면서 중요한 전환점이 찾아옵니다. 이 시기를 중년의 위기라고도 하는데, 나는 그런 식의 부정적 표현을 그다지 좋아하지 않습니다. 그러나 위기가 다른 면에서 기회가 되기도 한다면, 중년의 위기는 좋은 표현일 수 있겠지요. 나는 중년의 위기를 틀에 박힌 정체성에서 벗어나 자신의 고유한 정체성을 찾아가는 전환점으로 보고 싶습니다. 이 전환점을 지나면, 사회가 요구하는 대로 혹은 자신이 자란 가정환경에서 형성해 온 껍질을 깨고 새로운 인격으로 도약하는 은혜로운 시기가 찾아옵니다.

좀 더 나이가 들어 폐경기에 들어서면, 성별에 얽매이지 않는 새로운 삶이 시작됩니다. 이는 고유한 여성성이 없어진다는 뜻이 아니라, 사회가 형성한 성性, 즉 젠더gender의 협소한 굴레에서 벗어나 하나의 온전한 인격으로 존재한다는 의미입니다. 또한 이는 상실을 체험하는 시기이기도 합니다. 반려자가 세상을 떠나기도 하고 평생의 벗을 떠나보내기도 하면서, 우리는 삶을 정리하도록 초대받습니다. 갱년기 이후의 노년기는 깊은 성찰과 겸허를 배우는 시기입니다. 이 시기에는 자기 삶을 돌아보고 앞으로의 여정을 내다보는 작업이 중요한 영적 과제인데, 삶의 실을 변화시켜 가는 가장 영적인 시기라고 볼 수 있습니다.

발레리 프랭클Valerie Estelle Frankel이라는 여성학자는 여러 문화의 민화를 통해 여성의 삶이 거쳐 가는 과정을 이야기합니다.[3] 그에 의하면 많은 문화에서 공통적으로 나타나는 여성 신화는 어떤 주기로 표현되는데, 이 주기는 달의 움직임 및 변화와 관련이 있습니다. 소녀와 처녀의 시기는 초승달로 상징되고, 어머니는 보름달에, 마고(crone, 쭈구렁 할멈)는 그믐달에 해당합니다. 각 시기마다 특징과 도전거리가 있으며, 그것을 잘 통과해야 또 다른 삶의 영역이 펼쳐집니다.

초승달 시기 —

소녀와 처녀 시기는 초승달 시기입니다. 이 시기에는 첫 월경을 하고 여성으로서 첫걸음을 걷게 됩니다. 이때부터 여성성을 살아내는 영적인 모험이 시작되는데, 대개 가정을 떠나 일터로 간다든지, 공부를 하러 떠난다든지 하는 식으로, 새로운 곳으로 가게 됩니다. 옛날이야기나 동화에서는 주로 숲으로 갑니다. 숲은 창조적으로 새로운 삶을 발견하고, 그 삶을 살아가는 데 필요한 지혜와 에너지를 얻는 장소를 상징합니다.[4] 이때 필요한 존재가 바로 멘토입니다. 멘토란 부모와는 다르게 거리를 유지하면서 삶의 비전을 갖도록 도와주는 사람인데, 초승달 시기에 좋은 선생님, 코치, 종교 지도자 등 다양한 곳에서 삶에 대해 가르쳐 주는 이들을 만나는 것은 매우 중요합니다.

나는 중학교 때 걸스카우트 활동을 하면서 지도 교사와 무척 가깝게 지냈습니다. 겨울 방학에는 그 선생님 댁에 가서 하루 종일 이야기를 하며 시간을 보내기도 했고, 토요일에는 방과 후에 선생님을 따라 봉사활동을 하거나 다양한 사람들을 만나러 다니기도 했습니다. 집안 식구가 아닌 다른 어른과 가까이 지내는 경험은 나의 성격과 인성을 자각하고 계발하는 데 큰 도움이 되었습니다. 또한 나는 성당에 다니면서 신학생 오빠나 수녀님들과도 친하게 지냈는데, 그때 그들이 들려준 이야기들이 인생의 소중한 지침이 되었습니다.

이 초승달 시기의 영적 과제는 부모와의 관계에서 벗어나는 것입니다. 먼저 소녀는 심리적으로 아버지를 극복해야 합니다. 아버지와 굉장히 가까웠든, 아버지를 혐오하든, 딸은 그 관계를 직시해야 합니다. 아버지와 매우 친밀한 여성의 경우, 다른 남성을 자신의 삶에 받아들이기 어려울 수 있습니다. 또한 아버지와 관계가 나쁜 경우도 부정적인 영향을 받을 수 있습니다. 가부장적이고 권위적인 아버지와 관계가 안 좋았던 여성이 직장에서 상사와 관계가 안 좋거나, 다른 남성과 잘 지내지 못하는 경우도 종종 있습니다. 남성에게 지나치게 공격적이면서도 남성의 사랑이나 주목을 받기 위해 부자연스러운 여성성을 보이기도 합니다.

어머니와의 관계도 마찬가지입니다. 현대 사회의 지적인 어머니들은 자녀의 삶에 지나치게 관여하거나 통제하는 경향이 있습니다. 이런 어머니 밑에서 소녀는 잘 성장하기 힘듭니다. 결혼을 하고 인생의 새로운 단계로 나아가서도 계속 어머니와의 관계 안에서 자신의 삶을 이해한다면, 아직 그 사람은 소녀의 단계에 머물러 있는 것과 같습니다. 시간이 흐르면서, 어머니는 점차 동료요 친구와 같은 존재가 되어야 합니다.

많은 옛날이야기나 신화에서, 여성이 영적으로 성장하는 계기는 가정의 불완전한 조건 때문에 집을 떠나는 사건입니다. 어머니가 돌아가시고 새어머니가 들어왔는데, 새어머니가 아버지를 설득해 딸을 내보내거나, 딸을 모질게 대해서 결국 집을 나가게 만드는 식으로 이야기가 진행됩니다. 우리나라의 무조巫祖 신화인 바리데기 이야기에서는, 아버지가 이유 없이 막내딸을 못마땅하게 여겨 집에서 쫓아냅니다.

이처럼 많은 전설과 신화에서 순결한 소녀가 가정을 떠나 제3의 장소로 갑니다. 이 장소는 새로운 삶을 향해 나아가는 문지방 같은 지점입니다. 거기서 소녀는 처녀로 성장하고, 새로운 반려자를 만나게 됩니다. 그러니까 이야기에서 왕자를 만난다는 것은 결정적인 타자를 만남을 뜻하며, 이렇게 타자를 만난 여성은 다음 단계의 삶, 즉 보름달 시기를 살아가게 됩니다. 왕자를 만나는 사건은 관계나 삶의 방식을 통해 육체적·정신적으로 남성성을 자기 안에 받아들인다는 의미입니다. 이 남성성은 자기 삶을 투신할 직업, 결혼 제도, 신께 삶을 봉헌하는 수도 생활 등 다양한 조직의 질서를 뜻합니다.

내가 안타깝게 보는 경우는, 이런 제3의 장소에 놓이는 경험 없이 소녀 시절의 가정으로부터 결혼 생활로 직접 이동하는 것입니다. 충분한 내면의 준비 없이 결혼을 하여, 내적으로 소녀기에 머물러 있는 여성들이 있습니다. 그런 여성은 결혼을 하고 나서도 중요한 의사결정을 어머니에게 맡기고, 실제로 어머니가 많은 책임을 떠맡게 됩니다.

내가 존경하는 한 젊은 화가는 가정의 가부장적 질서를 견딜 수 없어, 고등학교를 졸업하고 한국을 떠나 오스트레일리아로 갔습니다. 그곳에서 노동과 공부를 하면서 자신에게 주어진 삶의 의미를 찾으려 애썼습니다. 그녀는 자신이 선택한 외국인 남자와 결혼을 하여 가정을 꾸렸고, 이후 수년간 부모와의 관계에 대해 질문하고 의미를 찾으면서 그림을 그리기 시작했습니다. 예술 행위는 그녀에게 인생의 새로운 장을 열어 주었습니다. 그녀가 나타나면 모임은 흥이 납니다. 그녀가 지닌 생에 대한 호기심과 열정이 다른 이들에게 활기를 전해 주기 때문입니다.

한국 사회에서는 여성들이 언젠가는 결혼을 하게 될 거라고 막연히 생각하는 것 같습니다. 하지만 독신의 삶을 택하든 결혼을 택하든, 혹은 수도 공동체의 일원으로 살아가는 삶을 택하든, 그 선택은 단순히 누구나 하는 것이어서가 아니라 자신의 개성과 지향점에 맞는 삶의 형태를 기꺼이 끌어안는 적극적 행위여야 합니다. 그럴 때 비로소 결혼은 통과의례가 됩니다. 자신에게 결혼이 적합한 선택인지 어떻게 알 수 있을까요? 결혼 생활을 자신의 부르심으로 느낀다면, 우선 자신의 관심이 가정 일에 있는지 신중하게 생각해 보아야 합니다. 가정을 이루고 자녀를 양육하는 것은 결코 쉽고 단순한 일이 아니며, 그저 다른 사람이 하니까 덩달아 할 수 있는 일은 더더욱 아닙니다. 또 독신의 경우도, 자신이 결혼을 못 해서 그저 독신이 되었다고 이야기하는 것은 결코 바람직한 태도가 아닙니다. 결혼 생활에 비해 독신은 훨씬 자유롭고 독립적이어서 어디로 떠나거나 새로운 일을 시작하기가 수월합니다. 하지만 그것은 다소 고독할 수 있는 삶의 형태입니다. 자신의 미래를 생각할 때, 자유롭게 떠나거나 변화를 즐기는 모습이 어디에 안착해서 뿌리를 내리는 모습보다 훨씬 편안하게 다가온다면, 독신의 삶이 적합할 것입니다. 또 결혼을 해서 가정 공동체를 꾸리는 것은 아니더라도, 비슷한 뜻과 마음을 가진 사람들과 함께 삶을 나누는 공동체 생활이 혹시 맞을지, 거기서 자신을 자유롭게 펼쳐나갈 수 있을지 진지하게 고민하고 성찰해 보는 것도 좋을 것입니다.

보름달 시기 —

다음 단계는 여성의 영적 여정 중 가장 극적이고 힘들며 기나긴 시기인 어머니의 단계입니다. 이는 보름달에 해당하는, 생명력이 가장 강하여 타인에게 생명을 나누어 주는 시기입니다. 어머니는 사랑의 힘으로 시련을 극복하고, 여성성의 힘을 체험하게 됩니다. 황선미의 동화《마당을 나온 암탉》은, 연약하고 두려움 많은 한 암탉이 어머니가 되어 누구보다 강한 존재로 변모하는 과정을 보여줍니다. 그러나 그 과정에는 어둠, 밤, 그리고 죽음이 있습니다. 그 어두움 혹은 그림자를 통해 여성은 진정한 자기를 찾아갑니다. 여신의 이야기에서는 이 과정이 죽음의 세계로 내려가거나, 죽음의 세계를 하나하나 통과하거나, 거기서 영원한 생명을 주는 약을 얻어서 돌아오는 등의 주제로 표현됩니다.

　실제로 많은 여성이 이 기간을 블랙홀과 같이 느낍니다. 젊은 어머니들은 육아라는 현실 앞에서 자신의 존재를 잃어버릴 것 같은 두려움을 겪습니다. 육아에 몰입하다 보면 다른 생각을 전혀 할 수가 없기 때문입니다. 신데렐라가 왕자님을 만나 행복을 찾았지만, 그것은 여성으로서의 여정을 시작하는 것에 불과했던 것입니다. 수도 공동체 생활을 택한 사람들은 절대적 타자인 하느님과 사랑에 빠져 기대와 설렘으로 수도 생활을 시작하지만, 그것은 자신도 몰랐던 자신의 모습을 계속해서 대면해야 하는 투쟁의 연속입니다. 내가 사랑해서 함께 결혼 생활을 시작한 남자는, 결국 일상 속에서 나의 애인이 아니라 남편의 역할을 수행해야 합니다. 또 한국 사회에서는 시댁 식구와의 관계도 특별한 과제가 됩니다. 어머니 단계는 단순히 누구의 엄마가 되는 것에 국한되지 않습니다. 넓은 의미에서 어머니가 된다는 것은 누군가를 돌보거나 가르치면서 사랑과 열정으로 자신의 한계를 초월하는 삶을 추구해 가는 일입니다.

　고대 수메르의 여신 이슈타르의 이야기를 보면, 죽음의 나라를 통과하기 위해 자신이 지녔던 아름다움, 목걸이, 가발, 반지, 가슴 위에 얹는 달걀 모양 장식 등을 하나씩 포기하는 장면이 나옵니다. 이는 사회적 지위, 교육, 자라난 환경에서 지니게 된 장식들을 하나하나 내려놓으면서 있는 그대로의 자기를 대면하는 것을 뜻합니다. 죽음의 나라를 거쳐 다시 생명의 나라로 돌아가는 길에 이슈타르와 동행하는 것은 어둠입니다.[5] 사랑스러운 소녀에서 꿈 많은 처녀로, 다시 어머니로 성장해 가는 여성의 여정을 지켜 주는 것은 바로 영혼의 어둠입니다.

기독교 신비문학은 이 어둠을 통해 진정한 자아를 찾는 과정을 잘 표현합니다. 십자가의 성 요한이 쓴 《영혼의 밤》에는, 절대적 타자인 신 앞에서 영혼이 진정한 자아를 만나는 과정이 시적으로 쓰여 있습니다. 영적으로는 메말라 가고, 감성적으로 다가왔던 신과의 관계가 더 이상 뜨겁고 낭만적이지 않습니다. 기도를 해도 하느님은 침묵하시고, 하느님의 존재마저 의심이 들면서 영혼은 바짝바짝 말라 갑니다. 그 과정을 통해 자아는 성숙하여 자기의 삶을 하느님 앞에 내려놓게 됩니다. 삶의 신비 앞에 자신의 존재가 무에 가까운 것임을 깨닫고, 전체이신 하느님의 사랑 안에 자신을 던져 가는 과정입니다.

이 시기를 살아갈 때 여성을 지켜 주는 정서는 두려움을 대면하게 하는 분노입니다. 보통 기독교에서는 이런 부정적인 정서를 죄라고 이야기하는데, 여기에는 약간의 왜곡이 있습니다. 부정적인 정서가 죄로 기우는 경향이 있다는 것이지 죄 자체는 아닙니다. 특히 여성에게 분노라는 정서는 자신을 지켜 주는 근원적인 힘이 됩니다. 반면, 분노를 무조건 억누르고 사회 규범대로 살아가는 여성은, 두려움이나 우울, 불안감에 시달리기도 하고 나이에 맞지 않는 유약함을 보이기도 합니다.

젊은 여성이 보름달 시기로 들어올 때 가장 많이 느끼는 감정은 두려움입니다. 그리고 사회 통념이나 규범을 조금만 넘어도 큰일 나는 줄 알던 여성이 조금씩 자신의 목소리를 찾아가게 되는 것은 분노라는 감정을 통해서입니다. 화를 낼 때는 그 분노를 어떻게 표현하고, 또 무엇을 향해 표출해야 할지 잘 식별해야 합니다. 이 시기에 자신을 지지해 주는 좋은 공동체가 있으면 이 식별 작업에 중요한 도움이 됩니다.

그믐달 시기 —

마지막 시기는 여신의 단계입니다. 이 단계는 양의 에너지와 음의 에너지가 조화를 이루는 이상적인 단계입니다. 여신을 한마디로 정의한다면, 자기 안에서 고유한 자아를 발견하고, 자신이 지나온 길에서 얻은 지혜를 타인과 나누는 단계에 이른 사람입니다. 무엇보다 중요한 것은, 여신의 단계가 실제로 다다를 수 없는 단계가 결코 아니라는 사실입니다. 나이가 어리다고 여신의 단계에 이르지 못하는 것도 아니고, 나이가 많다고 자동적으로 여신이 되는 것도 아닙니다. 물론 어둠으로 대표되는 어머니의 과정을 거친 여성의 나이가 30대 초반인 경우는 흔하지 않을 것입니다. 대부분 중년의 위기를 거치면서 여러 의미에서의 죽음을 체험하고, 어머니에서 여신의 단계로 나아갑니다.

이 여신의 단계는 행동할 수 있는 용기와 생각할 수 있는 지혜를 함께 갖추게 되는 이상적인 시기입니다. 미국의 정신과 의사인 진 볼렌Jean Shinoda Bolen은 《우리 속에 있는 지혜의 여신들Goddesses in Older Women: Archetypes in Women Over Fifty》에서 여신은 50세를 넘은 여성 안에서 드러나는 원형이라고 말하며, 이 여신을 살아내기 위해서는 공동체가 필요하다고 강조합니다. 그는 이런 여성들이 함께하는 공간을 '싱싱한 할망juicy crone들의 모임'이라 부르면서, 생채기 난 곳을 보듬어 주고 잘못된 것을 베어 내는 정의와 평화가 함께 공존하는 공간이라고 설명합니다. 그런 면에서 여신의 시기는 사회 문제에 적극적으로 참여하고 목소리를 내는 때입니다. 어머니 시기가 자신의 어둠을 대면하는 때인 것과 달리, 할망의 시기는 대외적인 사회 정의의 문제에 직접 맞서는 시기인 것입니다.

여성영성에 관한 논의는 처음부터 개인 성숙과 사회 정의라는 두 가지 축을 중심으로 발전해 왔습니다. 자신이 누구인지를 깊이 이해하면 타인의 삶에 깊이 공감하는 능력이 생깁니다. 이 공감 능력은 타인을 위해 무엇인가를 하고 싶게 만들고, 이는 자연히 사회 구조를 바꾸려는 노력으로 이어집니다. 여성의 영적 여정이 온전함을 향한 과정 전체를 의미한다고 할 때, 그것은 여성이 자신의 인생과 경험에 깃든 삶의 본질을 꿰뚫어 보고, 결국에는 개인을 넘어 이 세상의 정의를 위해 투신해 가는 것을 의미합니다. 사회 정의를 위해 일하는 사람들 중에는 젊은 층보다 중년을 넘긴 사람들이 더 많습니다. 기도의 자연스런 연장 혹은 기도의 통합을 통해 사회로 걸어 들어가기 때문입니다.

한편 이 시기 여성들의 외모는, 요즘 유행하는 '여신의 미모'라는 말과는 꽤 거리가 있습니다. 여성영성에서 말하는 '여신'은 삶의 마지막 단계에 이른 여성이라는 뜻으로, 완벽한 아름다움, 특히 섹시한 외모와는 거리가 멉니다. 사실 많은 신화를 살펴보면 완벽한 아름다움을 갖춘 여신은 비너스 정도일 뿐입니다. 그리스 신화나 제주 신화, 그리고 여타 신화들은 여신을 완벽하게 아름답다고 묘사하지 않습니다.

얼마 전《뉴욕 타임즈》에서 여성의 아름다움을 일컫는 유행어로 '무결점flawless'이라는 표현을 소개한 것을 본 적이 있습니다. 여기서 무결점은 여성성의 핵심이 보여주기performance, 결점을 가리고 완전하게 자기를 표현하는 노력, 인위성, 연기 등에 있다고 전제합니다. 그 기사는 어떤 패션 디자이너가 블로그에 올린 글도 함께 소개했습니다. "내 뱃살은 무결점이다. 내 늘어진 팔뚝은 무결점이다. 내 얼굴과 목의 주름은 무결점이다. 나는 아름답다. 다른 사람을 즐겁게 하기 위해서가 아니라, 나 자신을 위해서 아름답다." 자신에 대한 확신과 즐거움이 이런 수준에 이르렀다면 바로 여신의 단계에 들어선 것입니다.

요즈음의 물질주의 문화는 동서를 막론하고 늙음에 의미를 두지 않습니다. 젊어지기 위해 무리하게 운동을 하고, 주름을 없애는 수술도 마다하지 않습니다. 세월과 씨름을 하듯 젊은이처럼 옷을 입고 머리 스타일을 연출하는 사람도 있습니다. 나이 들어 가는 자신을 받아들이지 못하는 모습 같아 서글퍼 보이기도 합니다.

제주의 마고 신화는 지금 우리에게도 시사하는 바가 큽니다. 이 신화에서 마고 할망, 즉 여신은 자기가 만든 섬 제주를 너무 사랑해서 자신의 큰 몸을 다 내어주어 몸을 섬에 맞게 줄이고, 배고픈 아들들을 위해 제 몸을 던져 밥이 되며, 그 혼은 제주의 바람이 되어 해녀들을 지켜줍니다. 이 신화 중 어디에도 마고 할망이 아름다웠다는 이야기는 나오지 않습니다. 할망의 큰 몸이 시사하는 것은 오직 풍요함과 넉넉함입니다. 이 신화를 듣고 있노라면, 수수하고 따스한 마고 여신의 마음이 느껴지고, 따뜻한 제주의 기후와 꽤 잘 어울린다는 생각이 듭니다. 이렇게 여신 혹은 할망의 단계는 그 넉넉함을 타인에게 유여하는 단계입니다.

중년의 위기를 지나 폐경을 겪고 죽음에 이르는 이 시기가 영성적으로 가장 복된 시기인 것은, 모든 종교에서 이야기하는 자기 내어주기와 비움을 배워 가는 시기이기 때문입니다. 여성들은 나이가 들면서 삶 전체의 영적인 의미를 심도 있게 추구하기 시작합니다. 배우자와 사별하거나, 자식이 성장해서 떠나간 후 갑자기 혼자 남은 자신을 발견할 때, 그러한 상실감이 인생의 의미를 찾도록 독려하기 때문입니다. 이 시기의 여성은 욕심이 덧없는 것임을 깨닫고, 내가 할 수 없는 것이 많음을 배우며, 잠시 지나가는 삶에 대한 감사를 배웁니다.

언젠가 우리 수도회의 할머니 수녀님들을 대상으로 '지혜의 원' 피정을 한 적이 있는데, 노년기에 갖기 쉬운 상실감으로 많은 수녀님들이 힘들어하고 계셨습니다. 그중에는 한때 유명했던 사회운동가도 있었고 훌륭한 교수였던 분도 있었지만, 불편한 몸 때문에 마음도 불편한 분들이 많았습니다. 각자의 삶 이야기를 나누는데, 평생 초등학교 선생님으로 일하셨고 막 90세가 되신 수녀님이 이렇게 말씀하셨습니다. "요즘 내가 아침에 눈을 뜨면 하는 기도는, 하느님이 오늘은 무엇을 가져가시나 묻는 것입니다. 젊어서는 오늘 하루 하느님이 내게 무엇을 주실까 궁리하고 그분의 사랑을 배웠다면, 요즘은 그 반대예요. 나에게서 청력을 가져가시고, 시력을 가져가시고, 또 기억들을 가져가시는 하느님 안에서 그분의 사랑을 배웁니다." 피정의 집에서 허드렛일을 도와주시는 그 수녀님은 참 행복해 보입니다. 불편한 몸으로도 늘 해맑게 웃으시며 작은 일들을 하십니다.

이 시기에 필요한 훈련은 자기 생을 돌아보는 훈련입니다. 티벳 불교의 고전 《티벳 사자의 서》에는, 사람이 죽은 후 거울 앞에 서서 영화를 보듯 자신의 삶을 다 돌아보게 된다는 이야기가 나옵니다. 그다음에 나오는 설명이 재미있는데, 죽은 영혼 앞에 파노라마처럼 펼쳐지는 이미지들은 다 마음이 지어 내는 것이므로 담담히 받아들이라는 것입니다. 이 책의 해설서를 보면, 보고 싶지 않은 기억이나 잊고 싶은 일, 자신의 눈으로 보기에 불편한 자신의 큰 잘못들, 대면하기를 피했던 생의 순간들을 보면서 영혼들은 당황하고 두려워한다고 합니다. 그렇다면 결론은, 살아 있을 때 자신이 한 일들과 자신을 괴롭히는 기억들을 담담히 돌아보고 잘 놓아 주는 수련을 해야 한다는 것입니다. 놓아 준다는 것은 단순히 그 문제를 관심 밖으로 몰아내고 신경을 쓰지 않는다는 뜻이 아니라, 불편한 감정이나 사건 혹은 사람이 다시 찾아와도 괜찮을 정도로 자유로워진다는 뜻입니다. 이것이 바로 여신 단계의 과제입니다.

신화에 등장하는 여신들은 두 개의 정체성을 가지는 하이브리드 양상을 띕니다. 생명을 관장하면서 동시에 죽음을 관장하는 식으로, 두 개의 반대되는 특성이 한 신 안에 있는 것입니다. 예를 들어, 힌두교의 락시미라는 여신은 한편으로는 번영과 축복의 신이지만, 다른 한편으로는 파괴의 신입니다. 이런 여신 이야기들은 삶과 죽음의 연속성을 강조하고, 삶에서 죽음을 보고 죽음에서 새로운 생명을 보는 지혜를 강조합니다. 이 시기를 살아가는 여성이 터득해야 하는 영적 과제는 자신 안에 있는 자아 중에 무엇이 살고 무엇이 죽어야 하는지를 깊이 이해하는 것입니다. 즉 내 생의 가치로 남겨 두어야 할 것과 떠나보내야 할 것이 무엇인지를 분별하는 지혜를 구해야 합니다.

노년기는 멈추어야 하는 시기입니다. 이를 인정하지 못하고 하던 일을 계속하기를 고집하는 여성들을 흔히 봅니다. 성공적인 젊은 시절을 산 사람일수록 그런 경향이 더 큰 것 같습니다. 그러나 더 이상 할 수 없는 것들을 내어놓을 때 비로소 새로운 생명이 탄생합니다. 이 영적 과제를 수행하지 못할 때, 사람은 불평불만이 가득하고 말이 많은 노인이 됩니다. 우울하고 신경질적이고 화가 많은 노인의 모습은, 다 내어주고 쭈글쭈글한 얼굴로 가볍게 웃을 수 있는 여신의 모습과는 무척 거리가 멀지요. 무성했던 잎을 다 내어주고 새롭게 선 나무처럼, 그렇게 다 비우고 새 생명을 찾아내는 것, 새로운 형태의 삶을 마주하는 것, 그것이 바로 여신의 모습일 것입니다.

진짜
나를 찾아서

🌿

내가 만들어 간
내 삶을 나와 함께 축하해 줄래?
나는 백인이 아니며 또한 여자로 태어난, 귀양살이하던 몸.
별처럼 빛나는 영광과 진흙더미 사이,
그 다리 위에 내 삶을 빚었다.

— 루실 클리프턴Lucille Clifton

여성의 삶을 이해하기 위해서는 '타자the other'라는 개념이 중요합니다. 모든 인간은 어느 정도는 타자로 살아간다고 볼 수 있는데, 여기서 타자로 산다는 것은 자기 주체가 외부의 시선과 생각에 의해 결정된다는 뜻입니다.

정신분석학자 자크 라캉은, 아이가 거울을 보면서 비로소 자신이 누구인지를 알게 된다는 거울 단계 이론을 제시했습니다. 여기서 중요한 것은, 아이가 처음에는 거울에 비친 상이 자신임을 알지 못한다는 점입니다. 그 상과 자기 자신을 연결하지 못하던 아이는, 엄마나 다른 누군가가 그 상을 가리키며 자신이라고 가르쳐 주면 비로소 거울에 비친 상이 자신임을 배웁니다. 즉 인간이 가지는 자아라는 개념은 권위를 가진 누군가의 손가락에 의해 결정된다는 것입니다.[6]

나는 미국인 부모 밑에서 자란 입양 청소년들과 한국 문화 캠프를 진행하면서 놀라운 고백을 들은 적이 있습니다. 그들 대부분이 고등학교나 대학교에 가서 다른 아시아 아이들을 만나기 전까지는, 미국인 부모에게 들은 '너는 내 아들/딸이다'라는 메시지 때문에 실제 거울을 볼 때도 자신을 미국인의 모습으로 인식한다고 합니다. 한국계 미국인이며 유명한 희극인인 마거릿 조Margaret Cho는 한 인터뷰에서 "내가 금발의 푸른 눈이 아니었음을 알게 된 순간, 강도 맞은 기분이 들었다"라고 이야기했습니다.

이렇게 우리 자아상에는 다른 사람들의 기대가 반영되고, 그 기대에 대한 나의 적극적인 응대가 결정적인 역할을 합니다. 가정에서는 자녀들에게 기대하는 바가 있습니다. 예를 들면, 맏딸에게는 신중하고 책임감 있는 성격을 요구하고, 막내딸에게는 명랑하고 귀여운 성격을 기대합니다. 그런 가족의 기대는 대개 실제로 자녀가 그런 성격을 가진 사람으로 자라게 하는 효과가 있습니다. 결국 우리는 타자가 기대한 것을 자아상으로 형성합니다. 어떻게 보면 우리가 가진 욕구들도 타자의 욕구라 할 수 있습니다. 다시 말해, 우리가 무언가를 원한다고 할 때조차 사실은 타자가 나에게 원하는 것을 무의식적으로 욕망하고 있는 것입니다. 그래서 라캉은 "인간은 타자의 욕망을 욕망한다"고 말했습니다. 라캉에 따르면 타자(the Other, 대문자 'O'를 사용해 '대타자'라고 부릅니다)는 각각의 존재가 누구인지를 판단하고 삶과 행위를 구속하는 절대적 권위입니다.

타자와 여성의 삶

—

가부장적인 남성 중심 사회에서 타자는 여성에게 더 심각한 영향을 미칩니다. 남성 혹은 남성주의 문화가 타자로 군림하여 항상 여성을 판단합니다. 예를 들어, 여성의 몸은 타자의 판단에 의해 아름답다거나, 매혹적이라거나, 혹은 위험하다는 식으로 결정됩니다. 여성의 몸은 남성의 성적 욕구의 대상이 되어 특정한 미적 기준에 따라 평가받는 처지로 전락하고, 여성들도 최소한 남성의 눈에 긍정적으로 보일 때 자신이 가치 있다고 느낍니다. 물론 현대에는 남성들도 자신의 외모가 어떻게 보이는가 하는 문제로 고통 받는 경우가 많지만, 여전히 불평등한 질서 속에서 여성이 외모에 대한 정신적·심리적 무게를 훨씬 크게 느끼고 있습니다. 가부장적 문화와 질서, 혹은 종교적 도그마는 엄혹한 타자로서 심판자가 되어, 매 순간 비판의 눈으로 여성의 가치를 이야기하고 여성의 삶을 제한합니다. 남성 우위의 질서 속에서 여자는 강하면 안 되고, 자기 주장이 강해도 안 되며, 리더십을 너무 발휘해도 안 된다는 메시지를 직간접적으로 받게 됩니다. 미국에서는 중학교 때까지 아주 똑똑하던 여학생이 고등학교에 들어가서 갑자기 총기를 감추고 멍청한 척하는 경우가 많습니다. 너무 똑똑하면 남학생들이 자신을 좋아하지 않으리라는 두려움 때문입니다. 여자 고등학교에서 적극적으로 리더십을 발휘하던 여학생들이, 대학교에 가서 남학생들과 지내면서 갑자기 소극적으로 변하기도 합니다. 여성은 수동적이어야 한다는 타자의 요구가 영향을 끼치는 것입니다.

나는 해마다 학생들을 데리고 열흘 정도 미시시피의 시골에 가서 집 없는 사람들을 위해 집을 지어 주는 수업을 하는데, 어떤 해에는 그 수업을 등록한 학생들이 우연히 모두 여학생이었습니다. 우리는 저녁마다 하루의 경험을 기록하고 함께 나누는 시간을 가졌습니다. 뜻밖에 '지혜의 원'이 만들어진 것입니다. 그런데 놀라운 것은, 여학생들만 모인 자리에서 그들이 훨씬 더 성숙하고 자유로워 보인다는 점이었습니다. 그들은 자신의 두려움과 상처마저도 매우 자유롭게 나누고 있었습니다.

　열흘간의 여정을 마무리하는 마지막 날 저녁, 학생들은 이제 '자매애sisterhood'라는 말을 처음으로 이해했다고, 자매들과의 깊은 나눔이 이토록 풍요로울 수 있다는 것을 처음 알게 되었다고 말하며 서로 감사를 나누었습니다. 아마도 그 공간이 여성을 평가하는 남성의 시선이 배제된 곳이었기에 가능했을 것입니다. 문득 그들 안의 여성성이 참 아름답게 보였습니다. 새로운 세대의 젊은 여성들은 자신이 남성의 눈에 어떻게 보일까 하는 걱정 없이 마음껏 자신의 꿈과 욕망을 활짝 펼치기를 소망합니다. 자신 있게 땅을 딛고, 하늘을 향해 힘차게 날아오르기를 진심으로 바랍니다.

타자의 삶에서 자신의 삶으로

—

타자의 삶을 사는 여성들은 자신의 능력을 펼쳐 보려는 욕구를 접은 채 살아가게 됩니다. 가정이나 사회에서 부여하는 기대치로 자신의 삶을 판단하고 규정합니다. 그들에게 공통적으로 나타나는 특징은 자기의 생각과 다른 사람의 생각을 잘 구분하지 못한다는 것입니다. 공감 능력은 매우 발달했지만 타인과 자신을 동일시하다 보니 자존감을 상실하게 됩니다. 자녀가 좋은 학교에 가는 것이 곧 나의 성공이고, 자녀가 인생의 한 과정에서 실패하면 나에게 깊은 상처로 새겨집니다. 그러나 자녀와 나는 엄연히 구별된 주체입니다. 그의 인생을 내가 어쩔 수 없음을 인정하고, 자녀의 삶과 실패를 있는 그대로 받아들이고 있는 그대로 사랑해야 합니다.

타인의 기대에 맞추어 살아가는 삶은 어느 순간 한계에 부딪히게 마련입니다. 가령, 가정의 울타리를 전부로 알고 살던 여성이 있다고 해보겠습니다. 갑자기 배우자가 배신을 할 때, 혹은 자녀들이 가정의 울타리를 벗어나 자신의 길을 찾아 떠나갈 때 그 여성은 크나큰 자괴감에 빠집니다. 그런데 그때부터 비로소 자신이 누구인지 생각하기 시작합니다. 이러한 순간은 한 사람의 여성으로서 자기가 누구인지, 또 인생의 의미가 무엇인지를 깨닫기 시작하는 중요한 삶의 전환점입니다. 자신을 그토록 강력하게 지배해 온 타자가 어떤 편협한 이데올로기나 문화에 불과했음을 깨닫는 순간, 자신이 인생을 무기력하고 무의미하게 살아왔음을 알게 되는 순간이야말로 새로운 삶을 시작할 수 있는 기회입니다.

물론 그 깨달음의 순간이 구원으로, 그러니까 인생의 획기적인 전환으로 곧장 이어지지는 않을 것입니다. 자신을 지배하는 어떤 강력한 체제가 완벽하지 않고 절대적이지 않다는 사실을 깨닫고 과감히

박차고 나올 때 우리는 홀가분한 자유를 느낍니다. 그런데 그와 함께 당혹감과 분노, 좌절, 무력감, 우울, 배반감 같은 감정도 따라오기 마련입니다. 이 부정적 감정들은 강도가 매우 높습니다. 그래서 이런 시기에 우리는 가장 상처받고 다치기 쉽습니다.

자신의 삶과 욕망을 꾹꾹 눌러 놓고 살던 여성들이 어느 날 내게 이렇게 털어놓습니다. "저 이혼해야 할 것 같아요"라고 말입니다. 가부장제 아래 억압된 여성의 자아가 저항을 시작할 때, 그 일차적인 대상은 남편입니다. 더 이상 사랑 없는 결혼 생활을 할 수 없다고, 혹은 자신의 삶을 살아가기 위해 더 이상 결혼 생활을 하고 싶지 않다고 그들은 말합니다. 요즈음 한국 사회에서 이혼은 흔한 일이 되었지만, 예전에는 이혼을 하면 정말 큰일이 나는 줄로 알았습니다. 물론 이혼은 매우 극단적이고 치명적인 일인 것은 분명합니다. 나는 여성들이 이런 이야기를 꺼낼 때 두려움과 분노가 뒤범벅된 채 힘들어하는 모습을 자주 봅니다. 그러나 이 두려움과 분노를 넘어서면, 남이 결정하고 판단하는 틀 안에 갇혀 있던 고독한 자아와 마침내 대면하게 됩니다.

많은 여성들은 자신이 무엇인가를 잃게 되리라는 생각이나, 혹은 신분의 변화에 책임져야 한다는 사실을 특히 두려워하는 것 같습니다. 개인적인 이야기를 하자면, 나는 공부를 하기 위해 한국 수녀원에서 강제 제명되는 수치를 선택했습니다. 이때 나를 힘들게 한 것은 학업의 어려움이나 경제적 상황이 아니었습니다. 물론 수도원에서 쫓겨난 신분으로 공부를 하면서 재정적으로 힘들지 않을 수 없었지만, 내가 근본적으로 힘들었던 것은 '쫓겨난 수녀'라는 꼬리표, 그리고 '이렇게 물의를 빚고 공부의 길을 결정했는데 정작 마치지 못하면 어떡하나' 하는 불안이었습니다. 그러나 그때 힘든 결정을 내린 후 20년이 지난 지금, '쫓겨난 수녀'라는 타이틀은 내가 걸어온 삶의 여정에 놓인 작은 이정표 그 이상도 이하도 아닙니다.

멕시코 출신으로 사과를 따며 생계를 이어 온 가정에서 자란 내 친구 르네 산체스는 미국의 좋은 대학교에서 박사 학위를 받고도 자신이 똑똑한 사람이 아니라고 믿는 친구였습니다. 그를 얼마 전 학술 모임에서 만났는데, 그는 이젠 좀 자유로워졌다며 웃으며 말했습니다. "에스 파르테 라 비타"(*Es parte la vita*, 삶의 일부다). 그렇습니다. 그의 말대로, 모든 것은 삶의 일부입니다. 우리가 인생에서 겪는 크고 작은 어려움들은, 결국에는 전 인생을 구성하며 의미를 창조하는 한 부분이 됩니다.

고통의 향기

—

고통을 좋아할 사람은 없지만, 아픔을 경험하는 것은 자유로 나아가는 첫걸음입니다. 〈새도우 랜드The Shadow-Lands〉는 평생 독신으로 살아온 영국의 작가 C. S. 루이스Lewis가 조이 그레셤Joy Gresham이라는 여성을 만나 정신적 사랑을 나누고, 투병 중인 그녀와 결혼을 하고, 마지막 순간까지 사랑하며 지켜보는 슬프고 감동적인 실화를 다룬 영화입니다. 나는 이 책에서 "고통은 신이 자신의 존재를 알려주는 확성기 같은 것이다"라고 쓴 구절을 읽으며, 고통이란 영혼의 자아가 자신에게 보내는 손짓인지도 모른다고 생각했습니다.

여성으로서, 아니 한 인간으로서 자신의 고유한 삶을 향해 발걸음을 떼려 할 때 고통과 무력감에 직면한다면, 이것이 자신을 향한 영혼의 손짓임을 기억하면서 용기를 낼 수 있을 것입니다. 어둠이 짙은 첫 새벽에 길을 나서는 것 같은 외로움이 사무친다면, 비슷한 길을 걸었거나 혹은 걷고 있는 다른 자매들의 이야기를 듣고 자신의 불안한 심정을 함께 나누어 볼 수 있을 것입니다. 함께 나눈 그 이야기들은 분명 고단한 여정의 풍성한 양식이 되어 줄 것입니다.

완벽한 보호 안에서 아무런 아쉬움도 부족함도 없는 여성도 있겠지만, 나는 그런 사람이 전혀 부럽지 않습니다. 그런 사람과는 친구가 되고 싶은 마음도 별로 없습니다. 한 번쯤은 삶이 힘들어서 울어도 보고, 좌절감에 몸을 떨어 본 사람만이 생의 아름다움을 보는 눈을 갖게 된다고 믿기 때문입니다. 그런 사람만이 다른 사람의 아픔 앞에서 함께 눈물을 흘리며 공감할 수 있다고 믿기 때문입니다. 아픔을 힘껏 보듬어 낸 사람에게서는 사람 냄새가 납니다.

한국 수녀원에서 수련을 받을 때 저는 음식 찌꺼기를 흙구덩이에 날라다 버리는 일을 했습니다. 그 구덩이에는 배춧잎, 생선 내장 등 온갖 음식 찌꺼기가 던져졌고, 내가 할 일은 그 위에 흙을 약간 덮어 두는 것이었습니다. 여름에는 음식이 썩어 가며 덮어 놓은 흙 위로 김이 모락모락 나기도 했고, 겨울에는 꽁꽁 얼어붙은 땅에 눈까지 덮여 일 년 동안 내다버린 음식 찌꺼기 따위는 기억도 나지 않았습니다. 그렇게 계절이 지나 새봄이 오고 밭농사를 시작하기 위해 묵은 밭을 갈아엎었는데, 수련장 수녀님이 그 구덩이를 파라고 하시는 겁니다. 나는 악취가 날 텐데 어쩌나 하는 걱정으로 구덩이를 팠습니다. 그런데 놀랍게도 구덩이를 가득 채웠던 음식 찌꺼기들은 온데간데없고, 거칠었던 흙이 한눈에 보아도 향기로운 좋은 흙덩어리로 바뀌어 있었습니다. 우리는 그 좋은 흙을 떠다가 갈아엎은 밭에 뿌려 주며 새해 봄 농사 준비를 했습니다. 지금 생각해 보면 그것이 천연 비료였는데, 당시 농사에 대한 지식이 전무했던 내게는 그 향기로운 흙이 기적처럼 경이롭기만 했습니다. 그리고 아픔과 상처를 잘 보듬어 안으면, 초라한 내 마음도 그렇게 찬란히 변화되리라는 진실을 처음으로 떠올려 보았습니다.

고통을 나누는 자리
—

나는 '지혜의 원'에서 만나는 여성들을 보며 늘 감동하고 그들을 깊이 존경하게 되는데, 바로 어둡고 아팠던, 그래서 세월 속에 꽁꽁 묶어 둔 삶의 경험과 기억들을 열어젖히고 들여다보는 그들의 용기 때문입니다. 자매들이 자신의 어둠에 대해 이야기할 때, 거기서 우리는 새롭게 생겨난 어떤 무늬를 봅니다. 이전에는 상처였던 것이 이제 그 사람의 고유한 무늬가 되어 아름답게 빛을 발하는 것입니다. 아픔을 아는 사람들은, 상처에 돋은 새살과 그 고유한 무늬를 함께 보고 감동을 느낍니다. 가끔 사람들은 상처의 치유를 마치 성형수술처럼, 혹은 컴퓨터 프로그램의 '되돌리기' 버튼처럼 자취 없이 사라지는 것으로 생각하는데, 그것은 정말이지 오해입니다. 상처는 잊히지 않습니다. 그러나 그 상처를 통해 내 삶의 무늬를 발견하게 되는 것, 그것이 상처받은 사람이 갖게 되는 지혜입니다.

그렇게 함께 이야기를 꺼내어 놓고 각자의 상처가 만든 삶의 결을 감상할 수 있게 될 때, 우리는 신이 한 인간을 창조할 때 바라보았을 고유한 사랑의 시선과 그 사람만이 지닌 독특한 아름다움을 만나게 됩니다. 미국의 영성가이자 시인인 제러드 맨리 홉킨스Gerard Manley Hopkins는 다음과 같은 유명한 시구를 통해 한 인간이 지닌 고유한 아름다움을 표현했습니다. "신의 눈에 보이는 모습으로 신 앞에서 행동한다"(Acts in God's eyes what in God's eye he is).[7] 상처 속에 숨겨진 자기만의 고운 결을 찾아내고 표현할 때, 우리는 바로 신의 눈에 보이는 모습으로 살아가게 됩니다.

한 대학원생이 자기 이야기를 들려주었습니다. 그녀는 자신이 완전히 구겨진 인생을 살았다고 했습니다. 자기 얼굴이 보기 싫게 생겼다고 믿어서 자살까지 하고 싶었고, 늘 모자를 깊이 눌러쓰고 다녔습니다. 그녀는 자신을 내던지듯 사랑하지 않는 남자들과 잠자리를 가졌고, 임신을 하고 중절 수술도 여러 번 했습니다. 깊은 자기 혐오 속에서 괴로워하던 어느 날, 그녀는 어떤 음성을 들었습니다. 그녀는 신을 믿지 않는데도, 그 음성을 "나의 수호천사"의 것이라고 표현했습니다. 천사는 그녀에게 "내가 보기에 네가 얼마나 근사한지 보여 주겠다"라며, 거울 앞에 서 보라고 말했습니다. 지친 몸을 일으켜 자신의 모습을 마지못해 한번 보려고 거울에 선 순간, 그녀는 생각지도 못한 모습에 깜짝 놀라고 말았습니다. 자신이 그렇게 아름다울 수가 없었던 것입니다. 얼굴이 변한 것도 아니고 몸이 변한 것도 아닌데, 알아보기 힘들 만큼 아름다웠습니다. 그날 그녀는 자신이 정말로 아름다운 사람임을 비로소 알게 되었습니다.

이런 초자연적인 경험이 일어나지 않는 한 대개 우리는 다른 사람의 시선에 의지해서 자신의 몸을 보는데, 그것은 온전한 시선이 아닙니다. 그것은 잘려진 시선입니다. 하지만 신의 시선으로 자기를 보게 되면 온전한 전체를 볼 수 있습니다. '지혜의 원'에서 만난 이 여성의 이야기는, 하느님의 눈에 보이는 자신의 모습을 찾아가는 일의 절대적 중요성과 절박함을 느끼게 해주었습니다.

성숙의 걸림돌

—

세상은 참 공평하다는 생각을 할 때가 있습니다. 모든 것을 다 가진 사람들은 자기는 이러이러한 사람이라는 생각의 '틀' 때문에 생에 대한 깊은 성찰을 하지 못하는 경우가 많은데, 가진 것 없어 고생하고 자존심이나 체면을 일찌감치 내려놓은 사람들은 오히려 영적으로나 정신적으로 훨씬 높은 단계에 이르는 것을 자주 목격하기 때문입니다. 예쁘게 태어나는 것, 좋은 집안에서 좋은 교육을 받으며 자라는 혜택은 스스로 획득하거나 선택한 것이 아니고 그저 우연히 받은 것입니다. 하지만 사람들은 대부분 자신이 가진 것들을 당연하게 여깁니다. 그렇게 결핍을 경험하지 못한 사람은 결코 충만의 의미를 알지 못합니다.

사람들에게 영성 지도를 해주면서 깨닫게 된 것 하나는, 유난히 한국 사회에는 자신이 훌륭한 대학을 나온, 혹은 지적·사회적·경제적으로 높은 수준의 사람이라는 엘리트 의식에 사로잡혀 체면을 차리느라 삶의 진실을 대면하기를 어려워하는 사람이 많다는 점입니다. 좋은 대학을 나오고 경제적인 어려움 없이 살면서 자신이 가진 조건을 당연하게 여기는 사람들이 많은 것 같습니다. 이런 사람들은 고통과 불안, 불완전한 삶의 현실이 다가올 때 좀처럼 받아들이지 못하고 수치심 때문에 진실을 가리려고만 합니다.

몇 년 전 나에게 상담을 받으러 온 어떤 자매는, 한눈에 보아도 아주 세련되고 고상한 사람이었습니다. 재주도 많고 어디 하나 자존심 상할 곳이 없다는 듯한 태도였습니다. 그 자매의 이야기를 듣다 보니, 솔직히 말해 시간이 좀 아까웠습니다. 그렇게 행복하게 살고 있으면서, 왜 굳이 내게 와서 이렇게 시간을 빼앗는 건가 하는 생각에 슬슬 화가 나려고 했습니다. 무려 세 시간이나 자기 얘기를 쏟아 놓왔는데, 다 자기 자랑에 가까운 이야기였습니다. 도대체 무슨 이야기를 하고 싶은 거냐고 묻고 싶었습니다.

하지만 시간이 지날수록 그녀의 심리가 매우 불안한 상태이며 한순간도 가만히 있지 못한다는 것을 알 수 있었습니다. 하는 수 없이 나는 그녀에게 잠깐 침묵하면서 심호흡을 하라고 시켰습니다. 잠시 후, 그녀는 눈물을 흘리며 속이야기를 어렵게 쏟아 냈습니다. 그녀는 남편과 애정도 없이 결혼을 했고, 수치심 때문에 억지로 관계를 유지하다 원하지 않는 임신을 했으며, 지금껏 생명 없는 결혼 생활을 지속해 왔다고 했습니다. 그런데 총명해 보였던 아이가 폭력적인 성향과 자폐증을 가지고 있음을 알게 되었습니다. 그녀는 상처와 복잡한 죄책감으로 고통 받고 있었습니다. 사람들 앞에서는 늘 밝고 좋은 모습만을 보여야 한다고 생각해서 누구와도 자신의 어두운 부분을 진지하게 나눌 수 없었습니다. 그 자매가 어딘지 모르게 불안해 보이는 것은 당연한 일이었습니다. 모든 것을 내려놓고 삶을 지나가는 여정으로 받아들이면 좋겠지만, 어쩌면 그 사람의 마음 깊은 곳에 자리 잡은 특권 의식이나 우월감 때문에 그러지 못하는 게 아닐까 하는 생각이 들었습니다.

이런 이야기를 다른 동료 영성 지도자들과 나누면, 대부분 이 여성의 아픔에 쉽게 공감합니다. 상담이나 영성 지도를 하는 그들도 대부분 좋은 교육을 받았고 중산층에 속하기 때문일 것입니다. 장애가 있는 아이를 키우는 여성 중에는 사회적인 체면이나 자존심 때문에 아이의 장애를 숨기려 하는 이들이 있습니다. 때로는 장애를 숨기느라 자녀의 치유나 복지가 뒷전으로 밀려나기도 하는데, 상담가나 영성 지도자들은 우리 사회의 풍토에서 충분히 있을 법한 일이라고 이야기합니다.

'나는 이런 수준의 사람이다' 혹은 '나는 특별한 사람이다'라는 의식은 영적 성숙을 가로막습니다. 별로 가진 것도 없고 특권 의식도 없는 사람들은, 이미 인생이 마음먹은 대로 안 된다는 것쯤은 잘 알고 있고, 고통을 겪더라도 담담하게 대면할 수 있습니다. 예를 들어, 장애아를 키우는 가난한 엄마가 자녀를 특별한 학교에 보내거나 특수한 교육을 시켜 주지는 못해도, 사랑으로 잘 보듬어 기르며 사람들에게 자녀가 장애인임을 편안하게 이야기하는 경우가 있습니다. 어떤 특권의식이나 허영이 없기에, 자신이 처한 어려움을 있는 그대로 바라보고 온전히 껴안으면서 의미를 찾는 것입니다. 그런 사람들은 넉넉하고 깊이 있는 영성을 지니고 있습니다. 이런 것을 보면 나는 인생이 공평한 것 같다는 생각이 듭니다.

진정한 나를 찾는 공간

—

또 한 가지 기억해야 할 것은, 영적인 삶은 도덕적인 규율로 옳고 그름을 가리는 것이 아니라는 점입니다. 때로 우리는 인간의 체험을 해석하고 의미를 찾으면서 자기만의 향과 색을 찾아가는 영적인 과정을 도덕적인 규율과 맞바꾸려 합니다. 인간의 경험은 도덕이나 사회적 규준을 넘어서는 새로운 차원으로 우리를 초대합니다. 이를 위해서는 정직하게 자신의 삶을 내려놓고 바라보는 작업, 자신의 고유한 삶의 이야기가 도덕적인 잣대로 판단되지 않는 공간이 필요합니다. 이 공간은 우리에게 놀라운 자유를 주고, 각자의 삶에 전혀 새로운 의미를 부여해 줍니다.

여성은 가정과 사회에서 '타자'로 살아가기가 쉽습니다. 자신의 욕구와 타인의 욕구를 잘 구분하지 못하고 그저 좋은 여자, 착한 아내로 살아갑니다. 삶을 그렇게 규정하고 나면, 삶의 많은 경험들, 특히 좋은 여자와 착한 아내라는 범주에 들어가지 않는 생각과 느낌, 체험은 결국 자신으로부터 소외된 채 억압됩니다. 그런 억압이 쌓이면, 결국 자신이 누구인지 알 수 없게 됩니다.

여성들이 모여 각자의 고유한 경험, 수치심과 두려움까지 포함한 삶 전체를 있는 그대로 받아들이는 공간은 그 자체로 구원적입니다.

바로 이곳에서 자신 안에 눌러 놓은 삶이 윤곽을 드러내며, 자신이 누구인지, 어떤 삶을 살아가고 싶은지, 또 지금 자신이 인생 여정에서 어디에 와 있는지를 알게 됩니다.

이런 이야기가 있습니다. 어떤 시장市長의 부인이 죽어서 하늘나라에 갔습니다. 그런데 천국에 들어가는 문은 자신이 누구인지를 말해야만 통과할 수 있었습니다. 천국의 열쇠를 든 베드로가 부인에게 물었습니다. "당신은 누구십니까?" 그 부인은 대답했습니다. 자신은 무슨 시의 시장 부인이라고. 베드로는 고개를 저으면서, "그 대답으로는 천국에 들어갈 수 없습니다"라고 했습니다. 한참을 고민한 후, 그 부인은 대답했습니다. "나는 네 아이의 어머니입니다. 첫째 아이는 의사이고, 둘째는 교사, 셋째는 변호사이며, 넷째는 운동선수입니다." 그러자 베드로는 난처한 표정으로, 그런 답으로는 하늘나라에 갈 수 없다고 말했습니다. 그래서 부인은 결국 자신의 이름을 말해야 했는데 그러자니 너무 어색했습니다. 누구의 엄마로, 누구의 아내로만 살아왔던 부인은 말을 더듬으며 겨우 자신의 이름을 말했습니다. 그리고 마침내 알게 되었습니다. 그 이름이 자신에게 얼마나 생소한 것인지를.

엄마라는 엄숙한 이름 아래 여성들은 자기 삶을 함몰시켜 버립니다. 가부장적인 문화에서 누구의 아내로 산다는 것은, 자신의 가치보다 남편의 가치를 앞세우며 살기를 요구받는다는 의미입니다. 반면 가정이라는 틀은 어떤 면에서는 일정 수준의 익숙함과 안전을 부여해 주기도 합니다. 그렇기에 갑자기 한 여성으로서 독립된 자아를 찾는다는 것은 꽤 당황스러울 수 있는 작업입니다.

그러나 부서진 마음을 서로 나누는 작업을 통해 우리는 배우자가 누구인지, 어떤 경제적 수준을 영위하고 있는지, 어떤 학교를 나왔는지(많은 사람에게 이것은 근거 없는 자신감이 되기도, 밑도 끝도 없는 열등감의 원천이 되기도 합니다), 혹은 얼마나 빼어난 외모를 가졌는지 등이 자기 인격을 구성하는 절대적 조건이 아님을 깨닫게 됩니다. 우월감으로 부자유한 사람이 있다면, 그 우월감은 열등감의 다른 이름일 뿐입니다. 사회나 문화가 규정한 '나'라는 울타리에 갇혀서 있는 그대로의 자신을 받아들이지 못하는 것입니다.

한 시대를 함께 살아가는 여성들로서 다양한 삶의 내용을 함께 나누면서, 단순히 조건이 좋아서가 아니라 삶을 주체적으로 멋지게 살아내는 강한 여성들의 이야기를 들으면서, 우리는 삶의 나이테가 늘어 가는 것도 멋진 의미가 있음을 깨닫고 자신의 나이테도 더불어 견고해짐을 체험할 수 있습니다. 이런저런 삶의 굴곡이 새겨진 자신의 나이테를 편안히 바라보고 감상할 수 있는 사람들은 현재의 사회 경제적 조건과 상관없이 고상하고 품위가 있습니다. 그런 여성들과

는 시장에서 국수를 사 먹어도 귀족의 식탁보다 더 풍성하고 깊이가
있습니다.

우리의 깊은 바람은 진정한 자아의 속삭임이다.
우리는 욕망을 존중하는 법을 익혀야 한다.
그리고 그것을 경청하는 법을 배워야 한다.

– 사라 밴 브레스낙Sarah Ban Breathnach

우리가 한 사람의 여성으로 이 세상을 살아가기 위해 가장 필요한
것이 무엇일까요? 바로 공동체입니다. 나는 앞에서 여성이 온전히
성숙하는 과정에서 공동체가 얼마나 중요한지를 계속 이야기해 왔
습니다. 사실 우리는 어릴 때부터 공동체를 형성하고 살아왔습니다.
여학교 시절, 아무런 비밀 없이 모든 것을 함께 나누던 단짝은 기본
적인 공동체라 할 수 있습니다. 또한 신앙을 가진 사람들은 종교 경
전을 함께 읽고 삶을 공유하는 공동체에 소속됩니다.

그렇다면 어떤 공동체가 여성의 삶을 풍요롭게 하고 생명력을 주는 걸까요? 자신이 아주 소중하게 여기는 어떤 모임이 있는데 정작 거기서 자신의 고유한 모습이 편안하게 받아들여지지 않는다면, 우리는 그 공동체를 통해 결코 성장할 수 없을 것입니다. 나 또한 다른 사람을 나 자신처럼 소중하게 대하지 않는다면, 공동체의 소통을 통해 이루어지는 성장과 변화를 기대할 수 없습니다.

공동체는 궁극적으로 구원적인 장소여야 합니다. 많은 여성들이 그런 공동체를 꿈꾸지만, 막상 공동체에 초대되면 이내 두려움을 느낍니다. 아마도 다른 공동체에서 경험한 소외나 단절의 기억 때문일 것입니다. 우리의 공동체적인 문화는 좋은 점도 있지만, 공동체 경험이 상처를 주기도 하고 오히려 개인의 성장을 방해하기도 합니다. 어떤 공동체가 구성원들을 소외시키고 아프게 한다면, 거기에는 구조적인 문제가 있기 때문이라고 나는 생각합니다.

들리지 않는 목소리

—

어떤 모임을 생각할 때, 누가 리더이고 누가 이 그룹에서 중요한 사람인지 혹은 누구의 의견이 더 중요하게 여겨지는지를 금세 떠올릴 수 있다면, 그 모임은 피라미드 구조라고 할 수 있습니다. 아마 세상에 존재하는 모임이 대부분 피라미드 구조로 되어 있다고 보면 될 것입니다. 이 구조에서는 주로 많이 배운 사람, 많이 가진 사람들이 중요하고 높은 자리를 차지합니다. 중요한 자리란 영향력 있는 자리를 의미하며, 그 자리에 있는 사람들의 의견은 매우 비중 있게 받아들여집니다.

어떤 모임에서 당신이 새로운 의견을 제시한다고 가정해 봅시다. 당신은 여성이고, 많이 배우지도 못했고, 언변이 탁월하지도 않은 지극히 평범한 사람이라고 해봅시다. 과연 당신의 의견은 이 모임에서 어떤 반응을 얻게 될까요? 우리의 일상적인 경험을 떠올려 볼 때, 당신의 의견은 무시당할 가능성이 무척 크지 않은가요?

어떤 모임에서 열심히 의견을 제시했지만 간단히 묵살당해 본 경험이 있습니까? 자신의 목소리를 내지 못하는 사람은 억압받는 사람의 전형입니다. 그렇다면 목소리가 없다는 것은 도대체 무슨 뜻일까요? 당신이 의견을 냈는데 누군가가 쌍심지를 켜고 반대한다면, 그건 부정적이긴 해도 당신의 목소리가 '들린다'는 의미입니다. 강력한 반대에 부딪친다는 것은 당신의 목소리가 위협적으로 들려서 어떤 파장을 일으킨다는 증거지요. 그런데, 당신이 새로운 아이디어를 제시해도 사람들이 그저 듣기만 할 뿐 강한 긍정도 부정도 없이 무반응으로 일관한다면 당신의 목소리는 '들리지 않는다'는 뜻입니다. 듣는 이들의 무반응은 당신의 목소리가 중요하지 않다는 강력한 메시지입니다. 이런 경험이 쌓여 가면 당신은 자기 의견이 더 이상 모임에 영향을 줄 수 없음을 깨닫고, 결국 어떤 의견도 제시하지 않은 채 타인의 결정을 따라가게 될 것입니다. 그렇게 해서 당신의 목소리는 '들리지 않는 것'이 됩니다.

언젠가 한 미국인 친구가 미국 장로교 주교단 모임에서 있었던 일을 들려준 적이 있습니다.[8] 그 모임에는 남성 회원이 스물네 명, 여성 회원이 두 명 참석했다고 합니다. 의견을 나누는 시간이 되자 내 친구와 다른 여성 회원은 적극적으로 의견을 냈습니다. 여성을 대표한다는 생각에 더욱 열성적으로 말입니다. 그런데 이상하게도 자신이 의견을 내면, 남자들이 모두 친절하게 고개를 끄덕이며 미소를 지을 뿐 의견 자체에 대해서는 반응이 없었다고 합니다. 처음에는 '내 의견이 별로인가 보다' 했고, '내가 좀 바보 같은가?' 하는 생각까지 들어 약간 주눅이 들었다고 합니다. 그런데 이 친구는 다른 여성 회원이 의견을 낼 때도 남자들이 똑같은 반응을 보이는 것을 목격했습니다. 그들은 아주 신사적인 태도로 고개를 끄덕였지만 그 이상으로 좋다, 싫다는 반응을 전혀 하지 않았습니다.

그러나 남자 주교가 이야기를 하면 그들은 그 의견 하나하나에 적극적으로 반응하면서 그에 대한 자신들의 의견을 냈습니다. 더 놀라운 것은, 묵살되었던 자신의 의견이 남성 회원의 입으로 다시 언급되었을 때, 그들은 마치 처음 듣는다는 듯 열심히 반응을 하더라는 것입니다. 내 친구는 그 순간 '존재감이 없다invisible'는 것이 무엇을 의미하는지 깨달았다고 했습니다. 존재감이 없다거나 목소리가 없다는 것은 남성 중심 사회에서 여성들이 자주 갖는 느낌이지요. 그래서 이 두 여성은 거부 혹은 저항의 표현으로 그 자리를 떠났습니다.

누군가의 목소리가 내용과 관계없이 그 사람의 사회문화적 지위에 따라 영향력을 지니는 조직이나 문화에서는 하층 구조에 있는 사람들이 거의 목소리를 내지 못합니다. 이런 상명하달식의 조직에서, 아래에 위치한 사람에게 요구되는 덕목은 창의성이나 비판적 사고가 아니라 위에서 오는 명령을 충실히 따르는 순종입니다. 그런데 이런 피라미드식 구조는 아래로 내려갈수록 구성원 수가 많아집니다. 그러니까 상위에 속하는 소수가 다수를 지배한다는 이야기지요.

슬픈 이야기지만, 우리는 그런 구조에서 어떻게 행동해야 하는지 잘 알고 있습니다. 특히 한국 사회에서 사람들은, 자기보다 연장자이거나 높은 직위에 있는 사람과 이야기할 때 자기 말이나 의견이 별로 중요하게 받아들여지지 않을 것임을 잘 알고 있습니다. 창의적인 신참이 거침없이 의견을 내면, 그 사람은 나대는 사람으로 지목되어 계속 일을 하기가 힘들어지기도 합니다. 이쯤 되면 '세상에서 제일 무서운 총이 눈총'임을 절감하게 되지요. 그러다 보니 사람들은 무조건 높이 올라가려고 애를 씁니다. 성공 신화가 나오고, 어떻게든 좋은 학교에 가고 좋은 직장에 들어가서 다른 사람보다 나은 자리, 좀 더 높은 자리에 오르려고 합니다. 그런데 생각해 보면, 이런 구조에서는 거의 모든 사람이 패배자일 수밖에 없습니다. 승자는 극소수이며, 높은 자리에 올라가도 언젠가는 내려와야 하기 때문입니다. 서로 상처를 받을 수밖에 없는 구조입니다.

이런 피라미드 구조 위로 올라가는 일은 허상을 좇는 일과도 같습니다. 《꽃들에게 희망을》이라는 책에서 줄무늬 애벌레는 여느 애벌레들처럼 수많은 다른 애벌레들을 짓밟고 높은 곳으로 올라갔지만 결국 그 위에는 아무것도 없다는 사실을 알게 됩니다. 애벌레가 할 일은 고치를 벗고 나와 나비가 되는 일이지, 저 높은 곳에 올라가는 일이 아닙니다. 어쩌면 우리의 삶도 그러할지 모릅니다. 그래서 나비는 여성영성에서 아주 중요한 상징입니다. 자기를 감싸는 고치를 뚫고 나와 아름다운 나비로 변해 가는 과정을 상징하기 때문입니다.

모두가 평등한 자리

—

기성 종교 조직도 대부분 이러한 피라미드 구조로 세워져 있습니다. 만약 모든 인간이 하느님, 진리, 혹은 지혜로부터 같은 거리에 있어서 어느 누구도 다른 사람보다 나을 것도 또 못할 것도 없다고 가정해 본다면 어떨까요? 많은 기독교 여성신학자들과 소수 그룹은 피라미드 구조를 거부하고, 모두가 평등하게 신으로부터 오는 권위를 지닌다는 신념에서 출발한 교회 모델을 제시합니다. 진정한 권위가 있다면 물론 아름다운 것이겠지요. 그러나 진정한 권위는 수직적 구조에서 나오지 않습니다. 따라서 이러한 고민은 피라미드 구조를 해체하거나 대안적 구조를 찾는 노력으로 이어집니다.

그럼 모두가 평등한 대안적 구조는 어떤 것일까요? 나는 단연코 원이라고 생각합니다. 사전적 정의를 보면, 원이란 한 중심으로부터 같은 거리에 있는 점들의 집합입니다. 그러므로 원으로 모인다는 것은, 진리 혹은 신 앞에서 어느 누구도 더 많은 힘과 권위를 갖지 않으며 어느 누구도 모자란 존재가 아니라는 전제로 모인다는 의미입니다.

내가 여성들과 함께 꾸리고 있는 모임을 '지혜의 원'이라고 부르는 것도, 함께 모인 이 자리에서는 지혜가 모자란 사람도 없고, 완벽한 사람도 없음을 인정하기 때문입니다. 동등한 자매로서, 한 인생을 살아가며 잠깐 만나는 길동무로서 서로 배우고 서로 안에 계시는 신을 경배하기 위해 모이는 자리가 바로 '지혜의 원'입니다. 이곳에서는 평소에는 조용하기만 하던 여성이 샛별처럼 빛나기도 하고, 화려한 모습의 여성이 보여 주는 서글픈 속내에 각자의 아픔이 정화되는 것을 체험하기도 합니다.

한 여성이 자기 삶의 자리에서 일어나는 크고 작은 일들을 다른 자매들과 솔직하게 나눌 때, 그 공간에서는 교육 수준이나 경제적 여건 같은 외적 조건이 아무런 의미를 갖지 못합니다. 오직 그가 살아온 삶의 결을 따라 함께 걸어 들어가 그 경험을 공유할 뿐이지요. '지혜의 원'에서는 힘든 경험을 나누고 상처를 꺼내어 보여주는 순간 새로운 존재감을 획득하는 경험이 일어납니다. 그리고 이야기를 듣는 사람은 고난과 아픔 속에 아로새겨진 여성의 아름다움과 강함, 생의 깊은 의미를 함께 느낍니다. 삶은 '과정'임을 깨닫게 됩니다. 그 과정을 어떻게 걸어갈 것인지에 대한 개인적 자각이 새록새록 생겨납니다.

'지혜의 원'은 함께하는 열린 공간이고, 자유롭게 생각과 느낌을 나눌 수 있는 자리입니다. 나이 든 여성의 이야기를 가장 깊이 공감하는 사람이 20대 초반의 젊은 여성이 될 수도 있고, 40대 여성의 이야기를 통해 전체 공동체가 깊은 영향을 받기도 합니다. 여기서는 몇몇 사람이 분위기를 지배할 수 없습니다. '지혜의 원'에 모인 여성들이 늘 기억해야 하는 것은, 자신이 삶의 자리에서 얻은 지혜를 기꺼이 나누어 주고 또 겸손히 나누어 받는다는 공동체의 원리입니다.

당신의 경험은 당신만의 것이 아니다
—

이 모임에서 큰 위안과 힘을 얻었다는 여성들에게 어떤 점에서 위안과 힘을 얻었는지 물어보면, '나만 힘든 일을 겪고 있는 게 아니라는 깨달음'이라고 많이들 대답합니다. 답이 나오지 않는 고통을 겪으면서 무엇보다 힘든 것은 바로 고립감입니다. 자신이 겪는 고통이 세상과 완전히 동떨어져 있는 듯 느껴질 때, 우리는 혼자 속앓이를 하면서 자책하고 수치심에 빠지게 됩니다. 그런데 여러 사람이 한자리에 모여 각자의 아픔을 나누다 보면, 서로 비슷한 처지인 사람도 발견하게 되고 또 훨씬 고통스러운 상황을 지혜롭게 헤쳐 나간 다른 여성의 이야기를 들으며 용기를 얻기도 합니다. 다 함께 상처의 연대성을 깨달아 가는 것입니다.

다양한 이야기를 들으며 서로 비슷한 점을 발견해 가는 과정에서,

우리는 점차 자기 삶을 해석하는 틀을 갖게 됩니다. 누구나 처음에는 자기 고통을 개인적 차원으로만 이해하기 마련입니다. 그러나 함께 이야기를 나누다 보면, 내가 처한 사회적 정황이 내가 경험한 고통과 큰 관련이 있으며, 나와 동시대를 살고 같은 문화를 공유하는 사람들도 비슷한 경험을 했음을 이해하게 됩니다.

나는 감사하게도 18년 동안 '지혜의 원' 피정을 인도하며 많은 이들의 내적 여정을 돕고 그 여정에 동행하는 귀중한 경험을 해 왔습니다. 그 경험을 통해 느낀 것이 있다면, 1950년대 이후에 태어난 한국 사람들의 공통적인 체험이 바로 가난과 관련된다는 점입니다. 1950년대에서 1970년대 초까지, 대다수의 사람들은 절대적인 가난 때문에 큰 고통을 받았습니다. 많은 사람들이 배고픈 경험, 가난 때문에 무시당한 경험, 가난해서 하고 싶은 공부를 못 하고 심지어는 사랑하는 사람과 결혼도 할 수 없었던 경험, 가족이 모두 살기에만 바빠서 거의 혼자 내버려진 듯한 느낌으로 살았던 경험 등을 공유합니다.

그런데 1970년대 말 급격한 경제 성장 이후, 사람들은 상대적 빈곤감에 시달리기 시작합니다. 명품 신발을 신지 못해 느끼는 소외감과 열등감, 강남에 살지 못하는 사람들의 패배감 같은 것들입니다. 이민자의 경우는 미국 사회에서 거의 존재감을 못 느끼고 살아가는 아픔, 영어를 못해서 받는 부당한 대우와 억울함, 영어를 못하는 부모 대신 일처리를 하며 애어른으로 사는 고달픔과 서러움, 그리고 두 문화 사이에 끼어 어느 문화에도 속하지 못하는 상실감이 공통적으로 드러납니다. 특히 아메리칸 드림이 깨지고 경제적 어려움을 겪을 때, 또 자신이 떠나온 한국에서의 삶이 훨씬 편안하고 윤택했다고 느껴질 때, 그 고통은 한국에서 겪던 경제적 어려움보다 훨씬 커 보입니다.

많은 사람들이 이런 고통스럽고 수치스러운 체험을 어떻게 해석해야 할지 몰라 그저 가슴 깊이 묻어 두고, 그 체험이 자기 존재감을 형성하는 데 어떤 영향을 미쳤는지 생각조차 하지 않은 채 살아갑니다. 그런데 아픔을 느끼지 않으려고 일상에 코를 박고 무감각하게 살아가던 사람들이 자신과 비슷한 체험을 한 사람을 만나서 그것을 나누기 시작할 때, 단순한 치유 이상의 거대하고 건설적인 힘이 생겨납니다.

아픔을 대면하기

—

자신의 체험을 개인적 고통으로만 이해하면 상처 너머 혹은 상처 깊이 자리 잡은 의미를 찾기 어렵습니다. 하지만 이 체험을 구체적인 정황 속에 놓고 보면 자기 상처가 객관적으로 보이기 시작합니다. 더 나아가 사회적 구조 안에 놓으면, 체험과 자기 사이에 '거리'가 생겨 그 의미를 세밀히 바라볼 수 있는 힘이 생깁니다.

어릴 때 엄격하고 화를 잘 내는 아버지 때문에 고통스러웠던 경험이 있는 사람은, 아버지를 용서하려 해도 참 어렵습니다. 왜냐하면 기억 속의 아버지는, 스스로 어떤 저항을 할 수도, 또 자신을 보호할 수도 없었던 어린 시절에 만들어진 상image이기 때문입니다. 이 아버지 상과 결부된 기억들은 여전히 마음에 큰 충격으로 남아 있습니다. 그래서 아버지를 생각하면 어릴 때 느꼈던 공포와 두려움이 고스란히 떠오릅니다. 그런 상태에서는 당연히 아버지를 용서하기가 쉽지 않습니다.

이런 경우, 나는 첫 번째 작업으로 그 당시 아버지의 나이와 아버지가 처한 상황들을 한번 생각해 보라고 제안합니다. 고통스런 기억 속 아버지가 어쩌면 지금 자신의 나이보다도 훨씬 어렸었고, 가정에 대한 책임이라는 무거운 짐을 진 가장이었음을 알고 나면, 그 체험을 한결 수월하게 바라보게 됩니다. 지극히 개인적인 아픔이 사회적·문화적 정황 안에서 다시 이해되는 것입니다.

지금은 제목도 기억나지 않는, 미국에 처음 와서 본 영화에 이런 이야기가 나옵니다. 한 소년이 있었는데, 그는 자기를 때리는 술주정뱅이 아버지가 너무 싫었습니다. 그래서 소년은 하느님께 기도합니다. 제발 아버지가 죽게 해 달라고 말입니다. 그런데 정말로 아버지가 산에 갔다가 눈사태로 죽게 됩니다. 소년은 아버지를 죽게 만든 것이 자신이라고 믿고 괴로워합니다. 도저히 아버지를 용서할 수는 없고, 거기에 죄책감까지 더해져 그의 삶은 점점 피폐해집니다.

그렇게 세월이 흐른 어느 날, 아버지의 시신이 발견되어 돌아왔습니다. 줄곧 얼음에 덮여 있었던 시신은 하나도 변하지 않았습니다. 두려움에 떨며 아버지의 시신을 확인하는 순간 그는 깜짝 놀라고 맙니다. 아버지의 얼굴은 너무나 앳된 청년의 얼굴이었고, 현재의 자신보다도 어려 보였기 때문입니다. 기억 속의 아버지는 무서운 폭군이었고, 이 상처받은 남자는 언제나 기억 속에서 꼼짝 없이 아버지에게 붙잡혀 매를 맞는 소년인 채 정신적으로 성장하지 못했습니다. 그런데 이제 중년이 된 남자가 젊은 얼굴의 아버지를 보는 순간, 비로소 자신의 기억에서 풀려날 수 있었습니다. 그가 마주한 객관적인 정황이 아픈 기억을 조금은 가볍게, 조금은 여유롭게 대면하게 해주었고, 그로 인해 어릴 적 기억 속의 아버지와 화해할 마음이 생겨난 것입니다.

치유, 그리고 새로운 시작

___

시애틀에서 있었던 첫 번째 '지혜의 원' 모임이 생각납니다. 우리는 호숫가에 지은 한 자매의 집을 빌려 함께 모였습니다. 자매들은 이민자의 삶, 다른 문화권 사람과 함께한 결혼 생활의 어려움 등 여러 이야기들을 나누었습니다.

"이런 이야기를 해도 되는지 모르겠는데요"라는 말로 한 자매가 나눔을 시작했습니다. 그 자매는 남편의 심한 폭력 때문에 고민하다가 경찰에 신고를 했고, 결국 남편이 수감되었다고 했습니다. 그 이야기를 하며 다른 이들의 비난을 각오한 듯 비장한 표정을 짓던 그녀의 얼굴이 아직도 기억에 생생합니다. 그런데 놀랍게도, 그때 그자리에 있던 모든 여성들이 "그래, 얼마나 마음고생이 심했을까" 하면서 함께 눈물을 흘리며 잘했다고 박수를 쳤습니다. 나중에 이야기를 들어 보니, 그 자매는 자신이 한 일이 정당한 일임을 이성적으로는 잘 알면서도, 남편을 잘 섬겨야 한다는 유교적 가치 때문에 스스로를 받아들일 수 없었다고 했습니다. 그러면서 그곳에 모인 자매들이 자신의 행동이 옳은 일이었음을 확인해 준 사건이 자신에게는 치유였다고 이야기했습니다.

우리는 그 모임을 마치면서, 지난날의 아픔을 뒤로하고 새로운 생명으로 뛰어 들어가자는 의미로 모두 함께 물속으로 들어갔습니다. 새로 지은 흰 드레스를 받아 든 자매들은 모두 새로 태어나는 마음으로 호수에 발을 담갔습니다. (이 옷은 모임에 꼭 오고 싶어 하던 한 자매가 일 때문에 올 수 없어, 대신 밤새 바느질을 해 손수 만들어 준 옷이었습니다. 그녀는 일 년 후 이유를 알 수 없는 죽음을 맞았는데, 지금도 모임을 할 때면 마음속에 담아 둔 이야기들을 누군가와 함께 훌훌 털어내고 싶어 했던 그 자매가 생각납니다.)

그날 밝은 햇살 아래 빛을 발하며 자매들의 얼굴 위로 튕겨 오른 물방울은 무척 싱그러워 보였습니다. 그 순간을 굳이 이름 지어 부르자면, 기독교의 세례일 수도 있겠고 무속의 씻김굿일 수도 있겠지요. 그러나 그것을 무엇이라고 규정할 필요도 없이, 그저 우리는 자매의 이름으로 서로를 축복해 주었습니다. 그리고 함께 울고 웃으며 물 밖으로 나왔습니다.

살면서 소화해 내지 못한 사건들은 결국 상처로 남습니다. 한국 여성들은 깊은 수치심 때문에 혹은 집안에 흉이 될까 봐 자신의 상처를 입 밖에 내지 못하는 경우가 많아, 더 큰 마음의 짐을 안고 있는 것 같습니다. 이런 아픔을 가진 우리는, 누구의 엄마나 아내, 누구의 딸이 아닌 한 사람의 여성으로서 이 공간에 들어옵니다. 다른 여성의 아픔으로 위로받기도 하고, 그 경험들이 우리가 처한 사회 구조에서 비롯되었음을 깨닫기도 합니다. 숨겨 두었던 아픔은 그렇게 의미를 찾습니다. 모든 아픔은 고유하지만, 모두가 아픔을 가진다는 점에서 우리는 위안을 얻지요. 비슷한 아픔을 겪어낸 자매의 이야기를 들으면서, 자기 안에 숨 쉴 공간이 생겨나기도 합니다. 그런 일련의 과정들이 '지혜의 원' 안에서 일어나는 치유의 시작이며, 이것이야말로 진정한 '자매애의 승리'일 것입니다.

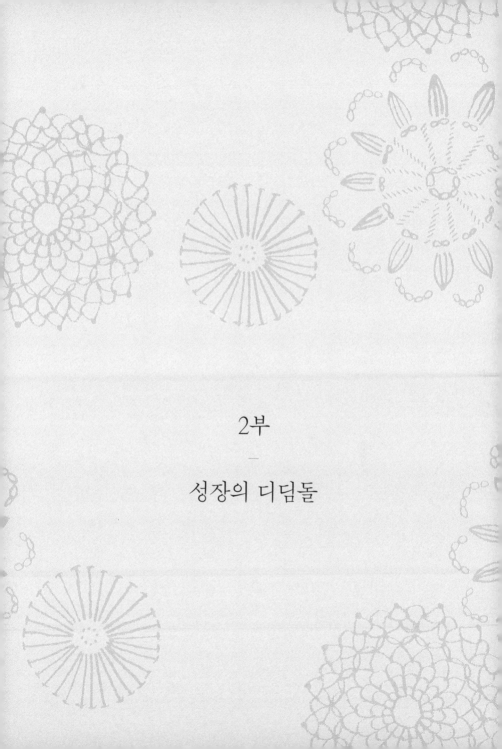

2부

—

성장의 디딤돌

이야기와
경청

우리는 말할 때, 혹시 우리 말을 들어 주지 않거나,
혹은 받아 주지 않을까 두려워한다.
그러나 우리가 침묵할 때도, 여전히 두렵다.
그러니 말을 하는 것이 더 낫다.

– 오드리 로데Audre Lorde

지금까지 내가 가 본 곳 중에서, 영혼에 가장 깊은 의미를 남겨 준 곳은 단연 그랜드캐니언입니다. 그곳에는 수만 년에 이르는 오랜 시간의 기억들이 깊은 골짜기에 겹겹이 쌓여 있어, 긴 세월의 층을 한눈에 볼 수 있지요. 한편으로 그 신비로운 골짜기는 한 사람의 영혼에 깃든 기억의 층을 떠올리게도 합니다. 우리가 기억하는 인생의 각 장면 역시 그렇게 층을 이루어 우리 내면에 살아 있기 때문입니다. 그 표피는 대부분 희미한 느낌으로 남아 있지만, 내층에는 생생

한 기억들이 켜켜이 집적되어 있습니다.

중요한 것은, 그렇게 우리 내면에 쌓인 기억들이 현재 경험에 반응하는 방식에 중요한 영향을 미친다는 점입니다. '지혜의 원' 피정을 하다 보면, 힘들게 겨우 지워낸 아픈 기억들을 왜 끄집어내느냐고 화를 내는 여성들이 있습니다. 잊고 싶은 기억을 굳이 들추어내서 뭣하냐는 것입니다. 그럴 때면 나는 묻습니다. 그 기억이 완전히 잊히더냐고요. 설사 잊었다 하더라도 마음의 깊은 계곡에 매몰된 기억들은 알 수 없는 방법으로 여전히 우리를 통제합니다.

나는 30대 중반에 미국에서 예수회 신부님과 30일 피정을 한 적이 있었는데, 그때 지도 신부님께 이런 질문을 드린 적이 있습니다. "왜 굳이 아픔을 바라보아야 합니까?" 그러자 신부님은 아주 분명한 대답을 해주셨습니다. "누군가가 당신을 툭툭 건드리는데, 방 안이 캄캄하면 더 힘들고 괴롭겠지요? 두려움까지 겹쳐서 말이에요. 그래서 방에 불을 켜고 보는 거예요. 그러면 당신을 때리는 건지, 자기와 친구하자고 하는 행동인지 알 수 있어요. 그래서 아픔을 보라는 겁니다."

수다의 영성

—

그래서 우리는 기억의 층을 바라보면서, 거기 담긴 아픔의 실재를 하나하나 살펴보는 자리가 필요합니다. 그렇다면 어떤 방식으로 이런 아픔을 바라볼 수 있을까요? 가장 원초적이고 강력한 방법은 '이야기를 하는 것'입니다. 그런 면에서 친구들과 흔히 나누는 수다는 자기 발견의 좋은 수단이 될 수 있습니다. 나는 수다에도 영성이 있다고 생각합니다. 유안진의 수필 〈지란지교를 꿈꾸며〉에는 이런 구절이 있습니다.

비 오는 오후나 눈 내리는 밤에 고무신을 끌고 찾아가도 좋을 친구, 밤늦도록 공허한 마음도 마음 놓고 보일 수 있고, 악의 없이 남의 얘기를 주고받고 나서도 말이 날까 걱정되지 않는 친구….

솔직한 마음을 마음껏 내보일 수 있고 격의 없이 이런저런 이야기를 나누는 수다는 자기 삶을 바라보는 새로운 시각을 갖게 해줄 수 있습니다. 여성주의 영성에서는 차 한 잔을 놓고 식탁에 마주 앉아 삶을 나누는 여성들의 자리를, 깊은 삶으로 초대하는 거룩한 자리라고 이야기합니다.

무조건 모여서 수다를 떤다고 다 좋은 것은 아닙니다. 사람들과 수다를 떨고 나서 괜히 쓸데없는 소리를 한 것 같아 후회하고 자책할 때가 있습니다. 그것은 그저 떠오르는 대로 자기 기분과 생각을 늘어놓았기 때문입니다. 자기 안에 있는 이야기를 거르거나 정리하지 않고 마구잡이로 쏟아내면, 듣는 사람도 이야기하는 사람도 모두 불편해집니다.

의미 있는 대화를 하고 싶다면, 이야기를 하기 전에 미리 글로 적어 보거나 느낌과 생각과 판단을 나누어서 말하면 도움이 됩니다. 더 나아가, 각 사람이 고유한 상황에서 겪은 고유한 경험들이 공통적으로 어떤 사회적 구조 안에 놓여 있는지 생각해 보는 것도 좋습니다. 일상적인 편안한 수다에서 이런 시도를 자연스럽게 하기란 쉽지 않으므로, 예를 들어 보겠습니다. 언젠가 여대생들과 이야기를 나눈 적이 있습니다. 한 학생이 자기는 엄마만 좋다고 말을 꺼냈습니다. 그러면서 자연스럽게 각자 어머니와 더 가까운지 혹은 아버지와 더 가까운지를 이야기하다가, 많은 경우 아버지들은 술을 마시거나 집에 잘 들어오지 않아서, 가정을 지킨 것은 어머니라는 데 서로 공감했습니다. 한국 사회에서 직장생활을 하는 남자의 삶에 대한 이야기도 하게 되었습니다. 경쟁 사회에서 살아남아야 하는 긴장과 술 문화가 지배적인 한국 문화에서 아버지와 친근한 관계를 가진 사람들이 드물다는 결론이었습니다. 학생 개인의 경험이 한국 사회의 경제·사회 구조, 그리고 특히 직장 문화와 깊이 관련이 있음을 발견한 것입니다. 학생들은 그런 아버지가 새삼 외로워 보인다고 이야기했습니다. 처음에 거부감으로 시작한 대화가 좀 더 깊이 아버지와의 관계를 생각할 수 있도록 이끌어 준 것입니다.

스토리텔링의 힘

—

우리는 누구나 이야기를 좋아합니다. 나는 어릴 적에 할머니가 우리 집에 오시면 참 좋았습니다. 할머니께 이야기를 해 달라고 조르면, 할머니는 어김없이 '옛날에…'라는 말로 이야기를 시작하셨습니다. 그 '옛날에'는 거의 마술적인 힘을 가졌던 것 같습니다. 그 이야기들은 많은 경우 할머니 자신의 이야기였고, 할머니 이웃의 이야기이기도 했습니다. 그런데 우리 형제들 중 누구도 할머니에게 그 주인공이 누구인지, 언제 일어난 이야기인지 묻지 않았습니다. 우리는 잘 알지 못하는 누군가가 경험한 세계 속으로 그저 빨려 들어갈 뿐이었지요. 어떤 이야기는 허망하고 슬프게 끝나기도 했고, 어떤 이야기는 재미있고 행복한 결말을 맺기도 했습니다. 나는 그런 할머니의 이야기를 마음으로 다시 재현하면서 이야기 속 세계의 주인공이 되어 다양한 삶을 간접적으로 체험하곤 했습니다.

이와 같은 할머니의 이야기 방식이 바로 스토리텔링storytelling입니다. 인간이 최초로 발명한 서사 방식인 스토리텔링은, 한 부족의 이야기가 전설처럼 이어지고 이어져 다음 세대들에게 전해지고, 한 개인의 이야기와 삶의 경험을 많은 사람에게 들려주는 효과적인 방식으로 존재해 왔습니다. 많은 학자들은 스토리텔링이 자신의 존재와 자신이 속한 사회를 인식하는 중요한 방식이라고 이야기합니다.

스토리텔링은 그야말로 이야기를 하는 것입니다. 하지만 그냥 막연하게 하는 것이 아닙니다. 어떤 일이 어떻게 시작되었고 어떻게 전개되었으며 어떤 결말이 났는가 하는 식으로, 구성이 있어야 합니다. 결말을 먼저 이야기하고 나서 회상 형식을 취해 발단으로 돌아갈 수도 있고, 처음부터 시간 순으로 이야기를 할 수도 있습니다. 또한 스토리텔링에는 설명과 지문, 대화가 적절히 섞여 있습니다. 중요한 부분은 대화체로 목소리를 바꾸어 가며 이야기할 수도 있습니다.

스토리텔링에서는 사건에 대한 화자의 감정과 평가, 해석이 개입합니다. 사건의 전개 중심으로 이야기할 수도 있고, 감정의 흐름을 중심으로 이야기할 수도 있습니다. 무엇을 어떻게 이야기할지, 어느 정도로 표현할지가 모두 화자에게 달려 있는 것입니다. 그래서 고대에는 스토리텔링의 화자가 그 사회에서 가장 큰 힘을 가진 사람이었다고 합니다. 어떤 이야기를 선택하고, 그것을 어떻게 전달하느냐에 따라 의미가 달라지기 때문입니다.

자신의 삶을 이야기하는 경우에도 마찬가지입니다. 즉 스토리텔링은 자기 삶에서 어떤 이야기를 선택할 것인지, 또 그것을 어떻게 평가할 것인지를 결정함으로써 개인이 자신의 삶을 주체적으로 다룰 수 있는 힘을 줍니다. 나는 실제로 여성들이 모여 각자 삶의 스토리텔링을 하면서 내면의 힘을 깨닫게 되는 경우를 많이 보아 왔습니다. 스토리텔링이 특별히 여성들에게 유익한 데는 몇 가지 이유가 있습니다.

첫째, 자기 삶을 이야기로 말할 때 우리는 주인공이 됩니다. 자신이 주체가 되어 자신의 느낌과 생각을 중심으로 이야기하는 것입니다. 책을 읽을 때는 저자의 관점에서 이야기를 따라가지만, 직접 화자가 되면 자신의 관점을 가지고 이야기하게 됩니다. 이때 현재의 관심사보다는 과거 이야기로 시작하는 것이 좋습니다. 현재 이야기를 하면 자기도 모르게 자식이나 남편 이야기를 하기가 쉽기 때문입니다. 어릴 적 이야기를 하면 순수한 자신의 이야기, 그때의 꿈과 생각 등을 이야기할 수 있습니다. '내' 이야기, '내' 생각을 말하다 보면 '관계 속에 매몰된 나'가 아니라 '관계 속에서 고유한 나'를 자연스럽게 보고 느끼게 됩니다.

둘째, 스토리텔링을 하면 자기의 목소리를 듣게 됩니다. 혼자 생각하는 것과, 생각하는 바를 입 밖으로 발설하는 행위는 전혀 다른 것입니다. 스토리텔링은 자기 삶이 소리에서 의미로 발전하는 것을 도와줍니다. 이야기를 하면서 여성들은 종종 "왜 이렇게 눈물이 나오는지 모르겠다"고 하는데, 그것은 경험이 모양을 갖추면서 의미를 담기 시작하기 때문이라고 생각합니다. 이야기를 하면서 자신의 음성을 듣는 것은 그 자체로 굉장히 중요한 일입니다. 자신이 떨리는 목소리를 내고 있는지, 차분한 목소리를 내고 있는지 등은, 지금 자신이 누구이며 이 경험이 어떤 의미를 담고 있는지 알 수 있는 단서를 제공합니다. 내 동료 한 사람은 자기 생각이 목소리로 발화되는 것을 들으면 새로운 사고가 나온다면서, 생각한 것을 말로 녹음하고 다시 들으며 논문으로 정리하기도 합니다. 이처럼 자신의 목소리를 듣는 것은 마음속에만 있던 생각들에 생명을 줍니다.

이야기는 바뀐다

—

셋째로, 스토리텔링을 지속적으로 하다 보면 이야기 자체가 변하게 됩니다. 나도 처음에는 다른 사람의 이야기를 들으면서 이야기가 바뀌는 것에 대해 의문을 가졌습니다. '왜 저 자매는 마치 거짓말을 하는 것처럼 같은 이야기를 조금씩 다르게 말하는 걸까.' 그런데 그 의문은 서사의 원리를 공부하면서 쉽게 풀리더군요. 이 세상에 존재하는 어떤 이야기도 사실일 수는 없습니다. 이야기를 한다는 것은 사실을 기술하는 작업이 아니라 가치나 의미를 담아 전달하는 작업입니다. 한 가지 사건이지만, 신기하게도 바라보는 관점에 따라서 여러 의미를 가지는 것입니다. 그런 면에서 '사실'이라는 것은 존재하지 않는다고도 말할 수 있겠습니다.

실제로 오른쪽이냐 왼쪽이냐 하는 것은 우리가 서 있는 방향에 따라 달라지는데, 지나간 일을 이야기할 때는 더욱 그렇습니다. 자신에게는 분명히 빨간색으로 인식되는 과거의 기억도 결국 현재 시점에서 과거를 바라보는 해석인 것입니다. 예를 들면, 내가 〈사운드 오브 뮤직〉이라는 영화를 어릴 적에 보면서 인식했던 주인공은 가정교사 마리아를 좋아하는 아이들, 함께 노래하고 즐겁게 뛰어노는 형제자매들이었습니다. 하지만 사춘기가 되어서 본 그 영화의 주인공은 사랑에 빠진 소녀였고, 서른이 넘어 다시 보았을 때는 비로소 수녀원에서 나온 마리아라는 한 여성이 주인공으로 비춰졌습니다. 그리고 마흔이 넘어서 볼 때는, 대령과 결혼하고 싶어 하는 나이 든 여성이 주인공으로 눈에 들어왔지요. 다시 말해 〈사운드 오브 뮤직〉이라는 이야기는 똑같지만, 그 영화에 관한 '나의 이야기'는 시간에 따라 달라지는 것입니다.

우리가 삶의 경험을 이야기할 때도 마찬가지입니다. 이야기 전체의 틀이 극적으로 달라지지는 않겠지만, 이야기 속 상황에 제 나름의 이해가 더해지고 등장인물의 성격에 새로운 결이 입혀지면서 자신이 겪은 경험이 의미를 갖기 시작합니다. 이야기가 마치 외운 것처럼 술술 나오기 시작하면, 그 경험은 이미 자기 안에서 화석화된 것이라 볼 수 있습니다. 예전에 아주 유명한 사회사업가 종교인 한 분을 인터뷰한 적이 있었는데, 그분은 자신의 경험을 이야기하면서 "그래서 그때 나는 이런 일을 시작합니다"라는 화술을 구사하더군요. 위인전기를 읊듯이 말입니다. 그의 이야기 방식은 내 귀에 '나의 삶은 이미 끝났소' 하는 소리로 들렸습니다. 삶이 계속되는 한 자기성찰은 계속되며, 우리의 이야기도 재생산됩니다. 이렇게 의미를 계속 발견하면서 우리는 영적으로 성숙해집니다.

이야기를 돕는 작업들

—

나의 이야기를 잘 하려면 다른 도움이 필요할 때가 있습니다. 할 이야기가 많은 것 같다가도 막상 하려고 하면 잘 되지 않고 당황할 때도 있습니다. 그럴 때는 상상력을 동원해 이야기를 만들어 보기도 하고 그림을 그려 보는 등, 무엇을 통해서든 자신을 표현해야 합니다. 음악을 들으며 상상의 나라로 갈 수도 있고, 춤을 출 수도 있으며, 평소에 사용하지 않는 손을 사용하여 짧은 이야기를 적어 볼 수도 있습니다. 이런 것들은 저 깊은 기억의 심연에 잠긴 채 내면에 떠오르지 않는 이야기들을 찾아내는 방법입니다.

그중에서도 일기 쓰기는 영적 여정을 돕는 좋은 방법입니다. 글은 내면에 묻힌 자기 목소리를 만나는 핵심적인 통로이기 때문입니다. 그런데 일기장에조차 자신의 경험을 투명하게 적지 못하는 사람도 있습니다. 그런 경우에는 상징을 사용해 그림 그리기, 단순하게 단어 나열하기 등 간접적인 방법을 써 보면 좋습니다.

시애틀에서 한 달 동안 진행했던 여성 피정이 기억납니다. 나는 상대적으로 젊은 편이었고 다른 분들은 은퇴를 준비하며 새로운 삶을 계획하는 60대 중반의 여성들이었습니다. 우리는 서로 살아온 이야기를 나누고, 명상과 그림과 춤을 통해 내면을 살피고 표현하는 작업을 함께하면서 더 깊은 삶의 여정으로 들어가고자 진지하게 피정에 임했습니다.

아프리카에서 선교사로 30년 넘게 살다 온 여성은 한 달 내내 계속 사진을 찍었는데, 피사체가 대부분 새들이었습니다. 또 저녁 나눔 시간이면 주로 '드높은 하늘을 나는 것'을 주제로 이야기를 했습니다. 그분은 아프리카의 오지에 갇혀 있다는 느낌이 늘 자신을 괴롭혔다고 고백했습니다. 도시에서 나고 자란 그녀에게, 아프리카 오지라는 환경은 대자연 속에서 느끼는 자유로움이기보다는 문명에서 떨어져 나왔다는 두려움이었던 것입니다. 그런데 자신의 이야기를 계속해 가면서 그분은, 자신을 괴롭혀 온 그 느낌이 사실 마음 깊은 곳에 자리한 하느님께 속박되었다는 느낌이었음을 알게 되었습니다. 그것을 깨닫고 울고 웃던 그분의 모습이 지금도 생생하게 떠오릅니다.

당시 미국의 수녀원에 들어가 그곳에 뿌리를 내리느라 애쓰고 있던 나는, 주로 뿌리가 땅 위로 드러난 커다란 나무들을 그렸습니다. 땅 위로 거칠게 드러난 그 뿌리는 하늘에서 하강한 매의 발톱과 흡사한 모습이었는데, 아마도 거의 분노에 가까운 열정이 그때 내 삶의 주된 에너지였던 것 같습니다. 그즈음 어머니가 돌아가셨는데, 돌아보면 어머니가 내 곁을 떠났다는 사실에 큰 분노를 느끼고 있었던 것 같습니다. 어머니는 비록 같은 공간에 있지는 않아도 나를 굳건히 지지해 주던 뿌리였는데, 이제 내 곁에 없다는 충격이 땅 위에 드러난 뿌리로 표현된 것입니다. 지금은 땅 위로 드러난 나무 뿌리가 별다르게 보이지 않는 것을 보면, 마음속에서 편안하게 어머니를 떠나보내 드렸고, 또 미국의 수도 공동체에도 잘 안착했구나 하는 생각이 듭니다.

경청하기

—

스토리텔링이 제대로 힘을 발휘하기 위해서는, 화자의 이야기를 듣는 좋은 청자가 필요합니다. 여기서 말하는 청자는, 수동적으로 입을 다물고 상대가 마음껏 이야기하도록 듣기만 하는 사람이 아닙니다. 스토리텔링에서 청자가 된다는 것은 타인에게 내 시간과 공간을 내어주는 일입니다. 이를 위해서는 먼저 이야기에 있는 그대로 공감해 주어야 합니다. 만약 공감해 주기보다 이렇다 저렇다 판단을 하고 충고를 해 대면, 스토리텔링 작업은 결코 치유의 과정이 될 수 없습니다. 또한 좋은 청자는 적극적으로 듣는 사람입니다. 듣는 사람이 주는 긍정의 힘은 이야기하는 사람에게 용기를 줍니다. 특히 어떤 경험을 처음 이야기하는 사람에게, 적극적인 경청은 자신의 이야기를 한층 깊이 바라보면서 이야기할 수 있게 도와줍니다.

고개를 끄덕이거나, '그렇지' '어쩜, 힘들었겠구나' 등의 표현은 매우 기본적인 반응이라 할 수 있습니다. 이것을 잘하는 사람들이 미국에서는 주로 흑인들입니다. 그들은 몸을 많이 움직이고 말 한마디 한마디에 반응을 질합니다. 아프리카에 뿌리를 둔 그들의 역사 때문인지 모르지만, 흑인 문화는 감응을 매우 잘하는 문화입니다. 미국 교회에 가 보면, 흑인들은 신부나 목사가 강론(혹은 설교)을 할 때, "맞습니다" "듣고 있습니다" 혹은 "오예, 으흠" 같은 다양한 반응을 보여줍니다. 수업을 할 때도 흑인 학생들이 있으면 덜 지치는데, 그들이 수업 내용에 즉각적으로 반응을 해주기 때문입니다. 그야말로 '호흡'이 맞는 느낌이 있으니 이야기하는 사람도 용기를 갖게 됩니다.

한편, 이야기하는 사람이 원점만 빙빙 돈다는 느낌이 들 때는, '내가 들은 것을 요약해 보면' '내가 듣기로는' 같은 표현을 써서 요점을 정리해 주면 무척 도움이 됩니다. 그와 더불어, 의미를 깊이 찾게 하는 핵심적인 질문을 던져 주면 좋습니다. 예를 들어, 상대방이 이야기를 마쳤을 때 "들어 보니, 이번 일로 마음이 많이 아팠던 것 같군요. 그런데 그 아픔은 실망에서 오는 것 같나요, 아니면 앞으로 올

일에 대한 두려움에서 오는 것 같나요?"라고 물어 주면, 화자가 좀 더 깊은 마음의 영역으로 들어갈 수 있습니다.

잘 들어 주는 그룹과 함께 이야기를 할 때, 사람은 자기 이야기 속에서 많은 의미를 찾게 됩니다. 나는 언젠가 여성들로 구성된 성서 나눔 그룹에서, 창세기 이야기 중 야곱, 특히 축복이나 장자권처럼 자기가 원하는 것을 얻기 위해 무슨 일이든 하는 사기꾼trickster 이미지의 야곱이 마음에 와 닿는다고 말했습니다. 이 말을 하고 나서 마음이 좀 불편했는데, 그 사기꾼이 나라고 버젓이 말한 것 같았기 때문입니다. 나는 그때, '내가 두 문화 사이에서 아마 사기꾼으로 살고 있는지도 모른다고 스스로 생각하나 보다'라는 생각이 들었습니다. 그래서 만일 누군가가 '네가 야곱이라고 생각하느냐'고 묻는다면, 그런 것 같다고 대답할 참이었습니다. 그때 한 여성이, 하느님과 씨름하는 야곱의 모습(창세기 32장)을 두고 "당신이 원하는 것을 위해 하느님과 씨름을 한 것인가요?" 하고 내게 물었습니다. 미국에서 원하는 공부를 계속하기 위해 한국 수녀원에서 제명당하는 오명을 무릅쓰고 수도회 없이 지낸 내 삶의 과정을 잘 아는 여성의 질문이었습니다. 나는 그런 이야기를 하는데도 전혀 눈물이 나지 않고 담담하게, 오히려 감사한 마음으로 질문에 답하고 있는 내 모습에 꽤 놀랐습니다.

그런데 이 경청하는 그룹은 거기서 그치지 않고 나를 한 번 더 놀라게 해주었습니다. 다른 한 여성이 내 얘기를 듣고, "trickster는 사기꾼의 전형을 일컫는 말이기도 하지만, 새로운 변화에 적응하는 능력이 뛰어난 사람의 전형이기도 하지요"라고 말하는 것이었습니다. 일순간 마음이 가벼워지고 몹시 기뻤습니다. 사기꾼이기도 하지만 한편으로 적응력이 뛰어난 사람일 수도 있다는 밑은, 사기꾼이 되고 싶지 않지만 때로 사기꾼일 수밖에 없는 내게, 그래서 야곱의 삶이 매력적일 수밖에 없는 내게 큰 힘과 용기를 준 한마디였던 것입니다. 이렇게 거창한 작업과는 거리가 먼, 그저 작고 소박한 경청과 진심 어린 한마디가 타인의 삶에 윤기를 더하고 탄력을 줍니다.

스토리텔링을 위한 공간

—

한국인의 정서를 감안한다면 스토리텔링 작업을 여러 명이 모여 함께하는 것이 효과적이고 적절해 보입니다. 모임을 위한 공간을 만들 때 중요한 것은 이야기를 나누는 사람이나 듣는 사람 모두가 그곳이 경건하고 안전한 곳임을 느낄 수 있어야 한다는 것입니다. 그래서 원을 상징하는 구조(원 모양으로 자리를 배치하거나, 중앙에 원을 상징하는 장식을 놓는 등)를 만들고, 동시에 한 사람 한 사람의 개인적인 공간이 주어져야 합니다. 개인적인 공간이란, 나누고 싶지 않거나 준비가 되지 않았다면 자유롭게 참여하지 않을 수 있고, 정리할 문제가 있다면 혼자 떨어져 있을 수 있는 공간입니다.

진행자는 이야기하기를 곤란해하는 사람이 있다면 편안하게 침묵할 수 있도록 배려해야 하고, 어떤 사람의 이야기가 너무 길어지면 적절히 조절해 주는 재량이 있어야 합니다. 구성원들이 적절한 길이로 이야기를 하도록 미리 명확하게 말해 주는 것이 도움이 됩니다. 또 주제를 너무 막연하게 던지면 자칫 산만해질 수 있으므로 최대한 구체적으로 제시해야 합니다. 내가 모임에서 제시하는 주제들을 예로 들면, '이번 주 삶을 돌아볼 때 가장 즐거웠던 일은 무엇입니까?' '나의 30대에 가장 기억에 남는 사건은 무엇입니까?' '내 삶에 가장 중요한 사람을 꼽으라면 누구이며 어떤 영향을 주었습니까?' '지난 십 년 동안 얼마나 많은 곳으로 이사를 했습니까?' 등이 있습니다.

분위기가 산만해질까 우려되면, 먼저 노트에 이야기를 적고 그것을 혼자 읽어 본 후 나누게 합니다. 그러면 이야기가 더 정돈되어 사람들이 편안하게 들을 수 있습니다. 그리고 한 사람이 5분을 넘기지 않도록 하는데, 5분이 지나면 집중해서 듣기가 어렵기 때문입니다. 한 사람이 이야기를 끝낼 때 곧장 다른 사람 차례로 넘어가지 말고 적절하게 간격을 두면 좋습니다. 이야기하는 순서도 미리 정해 놓으면 산만함을 방지할 수 있습니다.

이 자리에 모인 사람들은 무엇보다 이야기의 본질을 잘 이해해야 합니다. 이곳에서 나누는 이야기들은 각자의 주관적인 해석이며, 의미가 고정된 것이 아니라 계속 발전해 가는 중이라는 것을 말입니다. 이런 관점으로 서로의 이야기를 대하고 그 이야기가 의미를 확장하도록 도와야 합니다.

또 하나 중요한 것은, 타인의 이야기를 들을 때 자꾸 무언가가 떠올라 자기 이야기를 하고 싶거나 충고를 해주고 싶다면 그 내면의 소리를 잘 들어야 합니다. 그것은 흔히 '내면아이'라 부르는 내면의 자아가 자신에게 하고 있는 이야기이기 때문입니다. 갑자기 떠오르는 질문, 불편한 감정, 불쑥 올라오는 어떤 에너지는 우리 내면에 살고 있는 또 다른 자아의 것입니다. 자기 안에 그 주제와 관련하여 해결되지 않은 부분이 있음을 인정하고 나면, 우리는 다시 타인의 이야기에 온전히 집중할 수 있게 됩니다. 이렇게 자기 목소리를 인식하고 다른 사람을 위해 보류해 두는 작업을 '괄호 치기'라고 합니다.

우리 모두의 내면에는 이런 꼬마가 있습니다. 사랑받지 못했던 꼬마가 내면에 있으면 그 꼬마는 불쑥불쑥 올라와 다른 사람의 이야기 속에서조차 사랑을 받으려 합니다. 인정받지 못했던 꼬마라면 자꾸 인정받으려고 합니다. 좀 불편하긴 하지만, 이런 꼬마가 내면에 없다면 그 사람은 참 재미없는 사람일 것입니다. 이 꼬마의 목소리는 우리에게 고유한 색을 부여해 줍니다. 우리는 이 목소리를 잘 인식하고 그와 친해져야 합니다. 그렇게 한 후 다른 사람의 이야기를 들을 때 비로소 우리는 그에게 잘 집중하며 진실한 대화를 나눌 수 있습니다.

감정의 흐름
—

스토리텔링이 '옛날에'로 시작하는 일반적인 이야기와 다른 점이 있습니다. 스토리텔링 작업에서는 이야기를 하면서 감정이나 내면의 흐름에 초점을 맞춥니다. 그러려면 화자와 청자 모두 자신의 감정과 그 흐름에 익숙해져야 합니다. 감정에는 어떤 종류가 있는지 이해하고, 각 감정에 대한 자신의 특유한 반응에 익숙해지기 위한 작업을 해보는 것도 좋겠습니다.

　　인간이 느끼는 대표적인 감정은 기쁨, 슬픔, 분노, 두려움, 사랑입니다. 이 다섯 가지 기본 감정은 우리 내면에서 뒤섞이기도 하고 특정한 감정을 숨기기 위해 다른 감정이 나타나기도 합니다.[9] 내면에서 일어나는 진실한 감정을 알기란 생각보다 어려운 일인데, 특정 감정과 관련하여 자신의 몸이 어떻게 반응하는지를 알면 꽤 도움이 됩니다. 화가 나면 숨이 가빠지거나 배가 아파지는 것도 그러한 예입니다. 내가 아는 어떤 여성은 정신적 충격을 받으면 뜨거운 에너지가 머리에서 어깨를 거쳐 손끝으로 나가는 걸 느낀다고 이야기했습니다. 그녀는 믿고 사랑하던 애인에게 배반을 당했는데, 그녀의 자아는 자신이 그저 화가 났을 뿐 충격을 받은 것은 아니라고 생각했지만 몸의 반응을 보고 결국 자신이 사랑한 사람의 배반에 큰 충격을 받았음을 인정했다고 합니다. 도무지 받아들이고 싶지 않은 감정을 이렇게 인식하고 자신을 정직하게 이해하고 나니, 상황을 어떻게 극복해야 하는지 알 수 있었습니다.

그룹으로 스토리텔링을 하는 상황으로 다시 돌아오면, 듣는 사람이 이야기 속에서 느껴지는 감정을 말해 주는 것이 매우 중요합니다. 가령 어떤 자매가 유년기의 슬픈 기억을 들려줄 때 듣는 이가 그 슬픔을 말로 표현해 주면, 그 기억과 이야기는 공감을 받아 한층 심도 있는 차원으로 들어가게 됩니다. 자신의 감정을 확인받은 화자는 경험을 다시 돌아보면서, 그때의 감정을 더 세심하게 들여다볼 수 있습니다.

한편, 청자는 타인의 이야기를 들으며 느껴지는 감정을 대면함으로써 자신을 더 깊이 이해할 수 있습니다. 이야기를 들을 때 그와 비슷한 혹은 완전히 반대되는 경험이 생각나면서 감정이 떠오를 때가 있는데, 그것은 바로 자신이 대면해야 하는, 혹은 미처 대면해 보지 못한 자신의 내면이라고 할 수 있습니다.

어느 모임에서 나는 어린 시절 기억을 이야기한 적이 있습니다. 초등학교 1학년 때 어버이날의 일입니다. 거친 솜씨로 색종이를 오려 만든 어설픈 카네이션을 어머니께 달아 드렸는데, 어머니는 아주 자랑스러워하며 그 꽃을 하루 종일 달고 다니셨습니다. 오빠가 만든 카네이션에 비해 볼품없는 그 꽃을 엄마는 환히 웃으며 좋아해 주셨습니다. 그곳에 모인 자매들은 그때 내 감정이 어땠는지 물었습니다. 처음에는 그저 행복한 기억인 줄만 알았는데 손이 야무지지 못해 무엇을 만들어도 마음에 들지 않았던 내가 그 꽃을 보면서 불안했던 마음, 어머니께 내놓을 때 느꼈던 부끄러움, 어머니가 그 꽃을 가슴에 다는 것을 당연히 여기면서도 미안했던 마음이 하나하나 되살아났고, 그 기억 속에서 어머니의 마음을 만날 수 있었습니다. 그동안 나는 어머니가 그저 그 꽃을 좋아해 '주었다'고 생각했는데, 그제서야 막내둥이가 만든 그 유치한 꽃을 진심으로 좋아하셨으리라는 생각이 처음으로 들었습니다. 그와 함께, 신은 인간의 결점과 약점을 있는 그대로 좋아한다는 생각에 마음이 먹먹해졌습니다.

그때 한 자매가 내 이야기를 들으면서 자기 어머니에게 미안한 마음이 든다고 말했습니다. 그녀는 예민한 고등학교 시절에 동생을 가진 어머니를 무척 부끄러워했고, 절대 집으로 친구를 데려가지 않았던 일이 떠오른다며 눈물을 흘렸습니다. 큰딸이면서도 어머니의 마음을 이해하려 하지 않았던 자신을 발견했다며, 어머니에 대한 애잔한 그리움이 느껴진다고, 그리고 지금 늦둥이를 둔 자신의 모습 속에서 그때의 어머니를 발견한다고 말했습니다.

이처럼 타인의 이야기를 들으면서 그 사람의 감정의 흐름에 귀를 기울이면, 화자가 그 이야기 속에서 숨겨진 의미를 잘 찾아내도록 돕게 됩니다. 또한 청자가 이야기를 들을 때 느끼는 감정들은 의식 아래로 잊힌 이야기들을 떠오르게 하며 삶의 의미를 깨닫는 계기가 됩니다.

이야기에서 원형 찾기

—

이제, 우리가 어릴 적에 좋아했던 이야기들을 살펴보는 작업을 해보겠습니다. 특별한 이유 없이 그저 끌려서 좋아하게 된 이야기가 있다면, 그 이야기는 자아를 발견하는 중요한 단서가 됩니다. 어떤 여성들은 좋아한 이야기가 없다고 하고, 또 어떤 여성은 전혀 기억이 나지 않는다고 합니다. 나는 좋아하는 이야기가 없는 꼬마는 없을 것이라고 생각합니다. 다만, 상상하고 꿈꾸는 자아를 오래 전에 제거했기에 갑자기 이런 이야기를 하면 당황스럽기도 하고 아무 생각이 나지 않는 것이지요. 그럴 때는 지금 좋아하는 이야기를 생각해 보면 됩니다.

문화인류학에서는 이야기들을 분류해 거기에 담긴 인간의 유형을 정리합니다. 이를 통해 다양한 문화 속에 존재하는 여러 가지 인간상을 보는 것은 무척 흥미로운 일입니다. 아직 사회적으로 조건 지어지기 전에 처음 만나 좋아했던 이야기의 주인공은 자신의 자아상과 깊은 관련이 있습니다. 엄마와의 관계가 어려웠던 아이라면, 딸과 어머니(혹은 새어머니)의 왜곡된 관계를 보여주는 《신데렐라》, 《콩쥐 팥쥐》, 《장화홍련》, 《백설공주》 같은 이야기에 끌릴 수 있습니다. 독립된 인격으로 성장해 가는 시기의 소녀는 《제인 에어》, 《키다리 아저씨》, 《캔디》, 《빨강머리 앤》, 《소공녀》 등을 좋아하기도 합니다. 또 모험과 공동체를 강조하는 이야기로는 《15소년 표류기》, 《톰 아저씨의 오두막》 등이 있습니다.

여성심리학에서는 여성의 시각에서 《백설공주》나 《빨간 모자》 같은 이야기를 '가부장제 사회에서 속박 받는 여성의 삶과 사랑'이라고 해석하고 비판했습니다. 이들 이야기의 구조를 보면, 여성은 대부분 여성에게 억압받고, 여주인공은 아름다우며, 왕자를 만나 그의 사랑을 받음으로써 비운의 팔자를 고치고 행복해집니다. 이런 구조의 이야기를 읽는 여성은 자신을 독립된 인격으로 여기지 못하고 남성에게 의존하는 수동적 존재로 생각하게 됩니다. 여성 간 관계의 핵심을 질투와 시기로 본다든지, 여성의 인생에 등장하는 구원자는 남자이고 시련을 주는 사람은 여자라는 도식은 매우 비판적으로 인식해야 할 부분입니다.

하지만 이러한 비판을 충분히 이해했다고 해서 그 이야기들을 폐기할 필요는 없습니다. 이야기의 세계에는 기본적인 인간 캐릭터, 즉 '원형'이 다양하게 등장하는데 그것들을 세심히 살펴보며 현재의 자기를 형성한 원형을 발견할 수 있기 때문입니다. 그런 면에서 나는 어린 시절 좋아했던 이야기의 세계로 다시 돌아가, 이야기가 본래 가진 고유한 힘과 의미와 아름다움을 향유하기를 권합니다. 그렇다면 우리가 어린 시절 좋아했던 이야기 속 원형들은 어떤 의미를 가질까요?

첫째, 그것은 사회적 혹은 문화적 억압 이전의 자아가 가졌던 꿈을 의미합니다. 나는 어릴 때 《분홍 신》 이야기에 무척 매료되었는데, 자신의 흥에 이끌려 미친 듯이 춤을 춘다는 이야기가 이상하게 좋았습니다. 하지만 이 이야기가 신데렐라나 백설공주 등 보통 여자 아이들이 좋아하는 이야기가 아님을 눈치 챈 나는 이 이야기를 좋아한다고 누구에게도 말하지 못했습니다. 그 후 내 삶에 가장 중요한 결정을 내려야 하는 식별 기간에 우연히 〈빌리 엘리어트〉라는 영화를 보았습니다. 영국의 탄광 지역에 사는 어린 소년이 발레에 대한 열정을 가지고 발레리노가 되는 이야기였습니다. 소년은 왕립 발레 학교에 들어가는 오디션에서 "너에게 춤은 무엇이냐"는 질문을 받는데, 그 소년은 "춤은 전기와 같은 것이고, 나를 움직이게 하는 원동력 같은 것입니다"라고 말합니다. 그 대목은 이후로도 오랫동안 내 마음에 남았고, 춤에 대한 막연한 끌림이 내가 지닌 생의 열정이었음을 알게 되었습니다.

그 후로 삶을 돌아보는 작업을 하면서, 《분홍 신》 이야기처럼 내가 지닌 고유한 리듬을 따라 인생이라는 춤을 추는 것이 나만의 영성임을 마침내 깨닫게 되었습니다. 그리고 나는 실제로 춤을 추기 시작했습니다. 춤을 추며 울기도 하고 미친 듯이 웃기도 했는데, 그렇게 춤을 추면서 창조주와 나, 그리고 세상이 연결되어 있음을 온 몸으로 느낄 수 있었습니다. 그러니까 《분홍 신》 이야기는 내가 누구인지에 대한 가장 근본적인 단서를 제공하고 있었던 것입니다.

둘째, 이야기 속 원형은 자신의 심리적·정서적 자아를 반영합니다. 어린 시절 자신과 동일시한 이야기 속 주인공들은 커서도 대부분 그 사람의 내면에 존재합니다. 그러므로 어릴 때 자신이 가장 많이 동일시했던 주인공을 보면 현재 자신이 지닌 자아상을 발견할 수 있습니다. 내가 만난 한 여성은 어머니와의 관계에 깊은 상처가 있었는데, 어머니와 딸의 관계가 좋아야 한다는 인식 때문에 자신의 상처를 좀처럼 입 밖으로 끼내지 못했습니다. 그저 "나는 어머니와 관계가 좋지 않아요" 하고 말하는 정도였지요. 이야기를 찾는 작업에서 그 여성은, 어릴 때 가장 좋아한 이야기가 《신데렐라》였다고 말했습니다. 그러면서 자연스럽게 자신의 이야기를 털어놓았는데, 늘 자기를 구박하던 어머니에게 맞설 수 없었기에 신데렐라와 자신을 동일시하면서 자신을 시기한다고 느꼈던 어머니에 대한 감정을 나름대로 소화해 낸 것 같다고 말했습니다.

한 엘살바도르 학생은 자신이 좋아했던, 깊은 웅덩이에 빠진 말 이야기를 들려주었습니다. 옛날에 아주 큰 부자가 살았는데, 그는 자신의 검은 말을 가장 좋아하고 아꼈습니다. 어느 날 부자는 그 말을 타고 산책을 하다가 그만 깊은 웅덩이에 빠져 버렸습니다. 겨우 웅덩이를 빠져나온 부자는 자기가 사랑하는 말을 구하지 못하니 차라리 죽이기로 작정하고, 웅덩이에 흙을 부어 매장시키려고 했습니다. 사람들이 삽으로 흙을 가득 퍼 웅덩이에 뿌리자, 말은 온몸을 흔들어 그 흙을 털어내고 얼른 흙더미 위에 올라섰습니다. 다시 흙을 뿌리자, 또 몸을 흔들어 흙을 털고 올라섰습니다. 그렇게 거듭하면서, 말은 결국 웅덩이를 빠져나와 땅에 우뚝 섰습니다.

그 학생은, 이유는 알 수 없지만 어릴 적에 그 이야기만 들으면 울다가도 눈물을 뚝 그쳤다고 합니다. 그는 이야기를 하면서 몸을 흔들며 흙을 털어내고 우뚝 서는 몸짓을 계속 보여주었는데, 그 몸짓 자체에서 어떤 어려움도 극복하겠다는 의지가 그의 삶을 지탱하는 힘이었음을 쉽게 알 수 있었습니다. 가난한 이민자의 만딸로 태어나 미국 생활의 모든 것을 홀로 배워야 했던 그 학생이 이 이야기를 좋아했다는 사실은, 어떤 면에서는 전혀 놀랍지 않아 보입니다. 이와 같이, 긍정적이든 부정적이든 우리가 좋아했던 이야기와 원형들은 우리 삶을 지탱하는 중심 주제를 담고 있습니다.

이야기를 바꾸다

—

이야기 속 주인공과 자신 사이에는 적당한 거리가 있어서 좀더 수월하게 자신을 들여다볼 수 있습니다. 더 나아가 그 이야기를 바꾸어 봄으로써 삶의 전환점을 찾을 수도 있습니다.

예를 들어, 만화영화 〈슈렉〉은 제프리 초서의 《캔터베리 이야기》 중 베스의 한 부인이 들려주는 이야기를 바꾼 것입니다. 이 이야기의 원문을 보면, 여자를 겁탈한 기사를 처형하기 전에 문제를 주어서 답을 맞히면 놓아 주기로 하는데, 기사가 풀어야 할 문제는 "여성은 무엇을 진정 원할까"였습니다. 돈도, 멋진 남자친구도, 명품 가방도 아닌, 진정 여성이 원하는 것은 바로 주권sovereignty이었습니다. 답을 찾지 못해 안절부절못하는 그에게 마귀할멈이 나타나서 자기와 결혼을 하면 답을 알려준다고 합니다. 급한 마음에 결혼을 약속한 그는 매우 난처해졌지요. 그냥 사례를 하면 안 되냐고 했지만 마귀할멈은 단호히 안 된다고 합니다. 그러더니 낮에는 아름다운 공주로 변하고 밤에는 늙은 할멈으로 변하는 경우와, 낮에는 추한 할멈으로 있다가 밤에는 아름다운 공주로 변하는 두 경우를 놓고 선택하라고 합니다. 결국 기사는 자기는 어떻게 할 수가 없으니 알아서 하라고 마귀할멈에게 권한을 줍니다. 이렇게 다시 한 번 '여성의 권한'이라는 주제를 환기시키면서 이야기는 끝납니다.

15세기에 여성주의적인 주제가 등장하는 것이 놀랍기는 하지만, 마법을 통해 모습이 변한다는 주제, 특히 마법이 풀리면 마귀할멈이 아름다운 공주로, 혹은 야수가 왕자로 변한다는 생각은 사람들의 상상 속에 늘 존재해 왔습니다. 그런데 만화 〈슈렉〉은 관념을 완전히 뒤바꿉니다. 〈슈렉〉은, 마법에 걸려 밤이면 괴물이 되어야 하는 피오나 공주가 마법이 풀리고 보니 원래 괴물이더라는 이야기입니다. 이야기를 살짝 바꿈으로써 가련하고 아름다운 공주에 대한 환상을 멋지게 부수어 버린 것입니다. 나는 이 만화영화를 사랑합니다. 우리의 어린 시절 혹은 자아상을 보여주는 이야기를 이런 식으로 바꾸어 보는 작업은 재미있고도 진지한 방식으로 새로운 성찰을 줍니다.

〈숲 속으로Into the Woods〉라는 영화는 여러 이야기에 나오는 인간 원형들이 문제를 해결하고 성장해 가는 주제를 다루고 있습니다. 숲이라는 장소는 우리가 견고하게 받아들이는 어떤 작동 기제, 배경, 교육이나 집안 환경을 해체하는 공간입니다. 〈숲 속으로〉에 등장하는 신데렐라의 왕자는 바람둥이입니다. 도대체 어떻게 신데렐라를 두고 다른 여자를 좋아할 수 있냐는 질문에 "나는 매력적인 왕자이지, 사랑에 충실한 왕자가 아니다"라고 응답하는 명대사는 다른 각도에서 신데렐라의 사랑을 생각하게 합니다. 누가 그 사랑을 신데렐라의 인생을 해결하는 열쇠라고 했나요? 마법의 구두를 신고 하루저녁 춤을 추면서 만난 남녀는 그 후 정말 영원히 행복하게 살았을까요?

자신이 좋아했던, 자기의 마음을 사로잡은 이야기를 현재 삶의 자리에서 새롭게 써 보는 것도 재미있는 작업이 될 것입니다. 만일 신데렐라가 계모 슬하에서 고생을 했지만 언니들하고는 좋은 관계여서, 함께 사는 언니들이 엄마 몰래 빨래도 해주고 청소도 해주었다면 어떨까요? 요정이 나타나서 호박을 마차로 바꾸는 것이 아니라 언니들과 함께 버스 타고 가서 재미있게 놀다 왔다고 하면 어떨까요? 실제로는 신데렐라를 아끼고 돌봐 주는 의붓언니들이 더 많았던 것은 아닐까요? 혹은, 계모인 줄 알았던 어머니가 사실은 친어머니였다면 어떨까요?

현실적인 개연성을 바탕으로 이야기를 다시 써 보면, 기존의 촘촘한 사고의 틀에 여백을 만들 수 있고, 이를 통해 삶을 보는 새로운 시각이 열립니다. 우리는 어떤 원형을 통해 자기를 이해하고 자기에 대한 상을 만들며 살아가지만, 우리 삶은 결코 그렇게 단순하지 않고 또 그래서도 안 됩니다. 끊임없이 변화와 성장을 향해 열려 있는 존재가 될 때, 우리 삶은 그 빛과 향을 더해 갈 것입니다.

당신은 완벽하지 않다.
영원히 그리고 불가피하게 오점투성이다.
그리고 당신은 아름답다.

— 에이미 블룸Amy Bloom

나는 이 책에서 여성들이 걷고 있는 고유한 영적 여정과 그 과정을
돕는 구체적 작업들을 이야기하고 있습니다. 그런데 우리는 '영성은
육체적인 것과는 관계가 없다'는 오해를 흔히 합니다. 영적이기 위
해서는 육체를 무시해야 한다고 믿거나 영성을 '육체의 조건을 초월
한 상태'로 생각하는 아주 오래되고 보편적인 경향 때문인 것 같습
니다.

억압받는 몸

이런 '영/육'의 이분법은 서구 사상사를 지배해 온 그리스 철학, 특히 플라톤 사상에서 유래한 것입니다. 플라톤 철학은 삶과 우주를 이데아와 현상계라는 두 범주로 나누어 이해했습니다. 이 이분법적 사고는 편리하고 유용할지 모르지만, 모든 실체에 상하의 지위를 부여한다는 점에서 심각한 문제를 지녀 왔습니다. 여기서 보이지 않는 이데아의 세계는 이상적인 것이 되고, 보이는 현상계는 열등한 것이 됩니다. 이 구도에서 몸은 영에 비해 열등한 것이 됩니다. 더구나 '신/인간' '영/육'을 나누는 이분법적 사고는 가부장적 전통과 깊이 연결되어 '남자/여자' '귀족/종' '이성/감성'과 같이 다른 영역까지 확산되고, 결국 여성과 사회적 소수자들을 억압하는 기제로 작동해 왔습니다. 이 구도에서 여성은 남성보다 열등하고 몸은 영보다 열등하므로, '여성의 몸'은 이중적으로 열등한 처지에 놓여 있음을 볼 수 있습니다.

또한 기독교 사상을 바탕으로 형성된 서구 사상에서, 몸은 '위험한 것'으로도 간주되어 왔습니다. 성서는 오늘날까지 현대 서구인의 사고를 형성하고 있는 중요한 축인데, 신약 성서에는 이분법적 논리로 그리스도인의 새로운 영적 삶을 설명하는 부분이 있습니다. 예를 들어 사도 바오로는 그의 한 편지에서, 영적인 인간을 육적인 인간과 대비하여 예수 그리스도 안에서 새롭게 거듭난 삶을 설명합니다. 사도 바오로의 신학이 가장 잘 요약된 로마서를 읽다 보면, 영적인 인간과 육적인 인간의 첨예한 대립이 눈에 많이 띕니다. 예를 들어 8장 5-6절을 보면, "육체를 따라 사는 사람들은 육체적인 것에 마음을 쓰고 성령을 따라 사는 사람들은 영적인 것에 마음을 씁니다. 육체적인 것에 마음을 쓰면 죽음이 오고 영적인 것에 마음을 쓰면 생명과 평화가 옵니다."(공동번역)라고 이야기합니다. 영적인 인간은 그리스도의 성령을 받은 인간을 말하고, 그에 반해 육적인 인간은 세속적 이익과 자기 이익을 따라 사는 인간을 말합니다. 이 본문의 뜻은 몸이 죄를 짓게 하는 요소라는 것이 아닌데도, 편협한 이분법적 해석이 그리스도인들뿐 아니라 서구 사회 전반에 받아들여졌고 그 결과 몸을 죄악시하고 경계하는 풍토가 만연하게 된 것입니다.

몸에 대한 억압은 역사적으로 유독 '여성'에 대해 가혹하게 적용되어 왔는데, 이는 가부장제와 깊은 관련이 있습니다. 나는 가부장제도가 여성을, 특히 여성의 몸(그리고 성)을 단죄하고 억압하는 경향을 갖게 된 것은 재산의 사유화가 이루어지면서 가부장이 취득한 토지와 재산을 후손에게 대물림하려다 보니 여성의 성을 통제할 필요가 생겨났기 때문이라고 봅니다. 중세 여성들 이야기를 보면, 과부가 된 귀족 여성 혹은 재산이 많은 여성이 자신의 의지와 상관없이 수녀원에 보내지는 경우가 많습니다. 이 여성이 재혼을 하면 재산이 다른 집안으로 흘러들어 갈 것을 경계했기 때문입니다. 혼전 순결 사상도 비슷한 맥락에서 이해할 수 있습니다. 가부장적 가족 제도에서, 시집오는 여성은 매우 의심스러운 존재입니다. 한 가정에 새롭게 편입된 여성이 안전한 구성원이 되는 것은 그 여성이 가계를 이어갈 아들을 출산한 뒤에야 가능합니다. 그런데 만일 이 여성이 다른 집안의 자녀를 임신했다면, 혹은 이 여성이 다른 집안의 남자를 사랑하게 되어 다른 집안의 씨를 잉태한다면, 집안의 재산이 다른 사람의 가계로 흘러들어 가는 것이 됩니다. 그러다 보니 여성의 정절이 중요해진 것입니다. 흔히 르네상스 시대가 문예부흥기이고 인간 중심의 사고를 회복하는 때라고 이야기합니다만, 여성들에게는 결코 부흥기라고 할 수 없었습니다. 이 시기에 제정된 상속법에 따르면, 여성이 친정에서 가지고 온 모든 재산은 남편의 소유가 되지만 남편이 죽으면 유산을 한 푼도 받지 못합니다. 여성 인권의 측면에서 문예부흥기는 어느 시대보다 암흑기인 셈입니다.

이렇게 전통 사회는 가부장적 질서를 고수하기 위해 성행위는 오직 아이를 생산하기 위해 허용되는 수단이라는 관념을 정착시켰고 (특히 성 아우구스티누스의 신학이 이를 강조했습니다), 여성의 몸은 생산을 위한 도구로 전락하고 말았습니다. 유교 사상이 지배했던 한국 사회에서도, 가부장적 질서를 유지하는 핵심 요소인 제사를 남성의 전유물로 삼으면서 여성의 몸과 성이 아들을 생산하는 도구가 되었음은 누구나 아는 바입니다.

하지만 몸과 성에 대한 이런 왜곡은 역사의 흐름과 함께 조금씩 변화하기 시작했습니다. 1970년대 미국 사회에서는 여성주의 운동과 성 해방 운동이 펼쳐지면서 여성의 성과 욕구의 문제가 활발히 거론되었고, 성은 단지 생산을 위한 수단이 아니라 인간의 친밀한 관계를 상징하고 표현하는 수단이라는 인식이 확산되기 시작합니다. 그리고 여성의 몸과 성에 관해서는 여성이 주체가 되어야 한다는 주장이 보편적 지지를 얻게 되었습니다. 레즈비언주의가 인정을 받게 된 것도 이런 맥락에서 일어난 일이라 볼 수 있습니다.

몸을 다시 생각하자

—

이렇게 우리는 자신의 몸을 제대로 이해하지 못한 채 살아왔습니다. 그렇다면, 과연 몸이란 무엇일까요?

무엇보다 몸은 '나'라는 주체를 대표하는 상징입니다. 몸이란 자신의 인격과 자신이 걸어온 역사, 마음과 감성과 욕구, 생각을 담고 있는 동시에 이를 가시적으로 표현하는 '전체', 한 인격의 총체성을 의미합니다. '한국인의 몸'이라는 말에는 한국인으로서 가지는 정체성이라는 뜻이 내포되어 있습니다. 영어에는 어떤 그룹 전체를 일컫는 의미로 '몸body'이라는 단어를 쓰는 경우가 있습니다. 예를 들어 faculty body(교수단), student body(학생단) 같은 표현으로 쓰이지요. 나는 이런 표현들을 참 좋아하는데, 우리는 이를 통해서도 몸이 전체성을 대변한다는 근원적 인식을 들여다볼 수 있습니다.

몸은 한 주체를 오롯이 상징하고 대변하는 동시에, 그 주체를 다른 주체와 구분 짓는 역할도 합니다. 즉 자기와 타자 사이의 경계가 되는 것입니다. 우리는 몸이라는 경계를 통해 자신이 속한 그룹이나 성, 인종 등을 구별합니다. 이것이 부정적으로 적용된 것이 바로 몸의 특성에 따라 발생하는 사회적 차별과 억압입니다. 미국에서 이민자나 유색인이 경험하는 차별이 안타깝게도 그 몸의 조건 때문이라는 사실을 우리는 잘 알고 있습니다. 짙은 피부색의 노동자가 백인 계열 노동자에 비해 낮은 대우를 받는 일이 비일비재합니다. 한국에서도 이런 현상이 점점 문제가 되고 있지요.

또한 몸은 타인의 경험을 인식하는 매개가 됩니다. 우리는 다른 사람의 경험을 결코 직접적으로 알 수 없습니다. 고통을 예로 들어

보겠습니다. 사람은 그 누구도 스스로 경험하지 못한 타인의 아픔을 정확히 이해할 수 없으며, 따라서 타인의 아픔을 정확하게 이해한다고 말하는 것은 억지입니다. 우리는 모두 자기가 경험한 고통을 가지고 다른 사람의 고통을 상상합니다. 나는 젊어서부터 유독 허리가 자주 아팠는데, 그래서인지 허리가 아픈 사람의 이야기만 들어도 금방 내 허리가 아픈 듯 느낍니다. 다른 사람이 두통이 있다고 하면, 우리는 자기 몸이 알고 인식하는 두통에 근거해서 타인의 두통을 이해합니다. 자신이 어떤 고통을 받을 때 반응하는 방식, 느끼는 고통의 강도와 해석에 상상력을 더해 타인의 고통에 접근해 감으로써, 마침내 몸은 타인의 고통과 공명하는 통로가 됩니다.

여성의 몸이 겪는 문제들

—

몸에 대한 시각이 역사적으로 조금씩 변화되어 오기는 했으나, 현대에 와서도 여전히 몸과 성의 왜곡은 심각한 문제를 야기하고 있습니다. 따라서 이 주제는 여성영성에서 꽤 중요한 자리를 차지합니다. 현대의 많은 여성들이 몸의 문제로 고통 받고 있는데, 이제 그 문제들을 들여다보려 합니다.

몸의 상품화 ―

자본주의 사회에서는 모든 것이 상품화됩니다. 인간의 몸도 예외는 아니어서, 특별히 젊은 몸, 아름다운 몸이 상품으로 이용됩니다. 지구화가 진행된 오늘날 가난한 여성이 미지의 곳으로 팔려가 성 노예가 되는, 몸의 상품화가 극단으로 치달은 비극적 현실을 우리는 잘 알고 있습니다.

몸의 상품화는 젊은 여성의 몸 혹은 어떤 성적인 부위를 소위 바람직한 것, '가지고 싶은 것'이라는 의미를 지니게 만듭니다. 상업 광고에 이용되는 여성의 몸을 볼까요? 자동차 광고에는 어김없이 늘씬한 여성의 다리가 등장합니다. 여성의 몸이, 소유욕의 대상인 자동차라는 상품으로 상징화된 경우입니다. 그런데 이런 것들이 보여주는 전형적인 아름다움은, 지나치게 마른 몸과 긴 다리 등 비현실적인 형태의 몸을 이상적으로 여기게 만듭니다. 이런 왜곡된 몸의 이미지 때문에 많은 여성들이 자신의 몸을 부정하고 얼굴과 몸에 성형수술을 하고 싶어 합니다. 여성의 몸이 상품화된다는 것은 몸이 한 인격을 대변하는 주체로서의 의미를 잃고 대상화되며, 일정한 교환가치에 의해 규정됨을 의미합니다. 이렇게 여성의 몸은 극단적으로 억압됩니다.

이런 억압이 전 지구적 맥락으로 확장되면 문제가 훨씬 복잡해짐니다. 후기 식민주의 담론에서는 아시아 여성의 몸이 이중적으로 억압되었다고 봅니다. 홍콩 출신의 곽퓨란Kwok Pui-lan이라는 학자는 제3세계와 아시아 여성의 몸이 서구인(특히 남성)에게 성적 환상의 대상이 되며, 서구 여성의 몸보다 훨씬 더 억압받는다고 주장합니다. 서구 식민지의 경험이 있고 여전히 서구화의 물결 속에서 문화적·경제적 식민지가 되고 있는 아시아·아프리카 여성들이 서구 여성보다 열등하고 육체적으로도 아름답지 못하다는 인식은 매우 보편적입니다. 실제로 제3세계 여성들은 서구 여성들에게 같은 동료나 동지이기보다 나약하고 무력해서 도와주어야 하는 대상으로 간주되는 예가 많습니다. 제3세계 여성의 몸은 서구 여성으로부터 억압적 대상이 되고, 다시 남성의 성적 환상의 대상이 됨으로써 이중적 억압을 받는 것입니다.

이런 억압이 내재화되면, 자신의 몸을 부정하는 현상이 나타납니다. 아프리카에서 많은 여성들이 피부를 좀 더 하얗게 만들기 위해 표백을 하고, 아시아 여성들이 쌍꺼풀 수술을 하고 파란색 렌즈를 착용하는 것이 전형적인 예입니다. 미국에서는 아시아계 젊은 여성들이 백인 남성과의 데이트를 선호하는 깊이 내재화된 억압 기제도 존재합니다.

많은 아시아계 미국 여성을 만나 이야기하면서 내가 공통적으로 느낀 것은, 자신이 미국 사회가 선호하는 아시아계 사람의 몸을 지니지 못했다는 열등감입니다. 요즘 미국 사회에서 아시아인에게 기대하는 이상적 몸은 마르고 키가 크며 가슴은 미국 사람처럼 큰 몸이라고 합니다. 사실 이것은 보통 사람에게는 너무나 비현실적인 기준이라고 할 수밖에 없습니다. 하지만 이곳의 여성들은 자신이 그런 몸을 가지면 백인 남성의 사랑을 받을 것 같다고 생각합니다. 교육학 박사과정을 밟고 있는 한 아시아계 여성은 자신은 백인 남자를 좋아하지 않는다고 말했는데, 좀 더 깊이 그 내면을 들여다보면서 자신이 키가 작고 가슴이 작아서 백인들이 좋아하지 않을 것이라는 열등감을 가지고 있음을 알게 되었습니다. 독실한 기독교 신자인 이 여성은 자신이 가진 하느님의 이미지조차 백인 남성이었음을 깨달았습니다.

몸에 대한 차별 —

이렇게 상품화에 적합한 몸이 규정되어 있다 보니, 그 범주를 벗어나는 몸은 사회에서 설 자리를 찾기가 어렵습니다. 한국에서는 살이 찐 사람들이 사람들의 눈총 때문에 거리에 잘 나오지 않는다는 보도도 심심치 않게 들을 수 있지요. 살찐 사람, 장애인, 나이 든 사람의 몸은 거의 이야기되지 않습니다. 더구나 이런 사람들의 성은 금기시

되기까지 합니다. 몇 년 전 노인들의 성애를 다룬 영화가 나왔는데, 그 영화의 정직한 기술 방식이 무척 감동적이어서 기억에 남습니다. 늙은 몸을 서로 자연스럽게 받아들이고 사랑을 나누는 장면은 젊고 아름다운 성애만을 보아 온 우리 눈에 꽤 낯설지만, 사람이 살아 있다는 것이 어떤 것인지를 보여주는 더없이 훌륭한 장면이었다고 생각합니다.

나이 든 여성들은 늘어 가는 주름과 흰머리, 늙어 가는 피부를 있는 그대로 편안히 바라보기 위해 몸에 대한 새로운 인식이 필요합니다. 대중매체가 보여주는 나이 든 여성의 몸은 부자연스러울 만큼 젊고 아름답습니다. 나이가 들어서도 그런 피부와 몸을 가졌다면 개인적으로 행운이겠지만, 모든 사람에게 어떤 특정한 몸을 요구하는 것은 한 사회의 폭력성을 드러내는 증거라고 생각합니다.

나치 치하에서 독일은 나치즘을 옹호하는 예술을 장려했는데, 이런 나치 예술은 대부분 아리아인들의 몸, 특히 젊고 건강한 몸을 강조해서 표현하고 있습니다. 나치 예술가의 대표적 인물인 아르노 브레커Arno Breker의 〈가드The Guard〉 같은 작품을 보면 건강한 백인 남성의 몸을, 특히 발달된 근육을 강조해서 표현하고 있습니다. 그 밖에도 나치 예술은 젊고 아름다운 백인 남녀의 에로틱한 사랑도 많이 다루는데, 이것은 유대인이나 유색인종, 장애인, 늙은 사람들의 몸을 소외시키고 억압한 예입니다.

또한 여성의 신체 크기를 사회에서의 역할과 결부시켜 작은 몸, 연약한 몸을 선호하는 분위기도 있습니다. 한국 사회에는 여성의 키가 남성보다 작은 것이 좋고 여성의 발이 크면 보기 싫다고 생각하는 통념이 있는데, 이것은 여성의 몸을 현실과 상관없이 인위적으로 규정하는 것이고, 건강한 여성을 오히려 고통스럽게 합니다.

초등학교 때 키가 큰 친구가 있었습니다. 교회에서 성탄절 연극을 준비하는 기간이었는데, 착한 일을 많이 한 어린이에게 마리아 역할을 맡긴다는 말에 그 친구는 정말 열심히 친구들도 돕고 기도도 열심히 했습니다. 그런데 막상 배역을 정할 때 이 친구는 목동이 되었습니다. 그녀는 너무 슬퍼서 계속 고민하다가, 그렇게 열심히 생활했는데 왜 마리아 배역을 못 맡았는지 선생님께 물었습니다. 선생님의 답은 아주 간단했는데, 바로 그녀가 요셉 역할을 할 남자 아이들보다 키가 컸기 때문이었습니다. 그때 친구는 자신의 키가 무척 수치스러웠다고 했습니다. 더욱 억울한 것은, 다 커서 보니 자신이 오히려 작은 키에 속해 있더라는 것입니다.

몸과 소외 —
인간은 누구나 자신의 몸과 밀접한 관계를 맺고 살지만, 여성은 월경을 시작으로 임신, 출산, 육아 그리고 폐경에 이르기까지 아주 구체적인 몸의 변화를 경험합니다. 그럼에도 불구하고 많은 여성이 자신의 몸에서 소외된 채 살아갑니다. 앞에서 이야기한 바와 같이, 여성의 몸과 성이 남성의 욕구를 위한 대상으로 이해되고 그 가치가 판단되기 때문입니다. 줄리아 크리스테바Julia Kristeva 같은 여성주의 심리학자는 여성이 몸의 주체로 서야 한다고 주장하면서, '여성은 성적 즐거움을 알 수 있는가?' 하는 질문을 던집니다. 여성에게 성 그리고 몸은 너무나 오랫동안 자기 소외의 통로였기 때문입니다.

요즘 한국 사회는 성에 대해 급진적으로 개방적인 문화가 형성되었지만, 정말로 중요한 문제들을 다루는 데까지는 나아가지 못하는 것 같아서 유감입니다. 자신의 성을 더욱 주체적으로 받아들이고 깊이 누릴 수 있도록 적극적이고 정직한 이야기들이 나누어지면 좋겠습니다. '성적 즐거움이란 무엇인가' '그것은 몸의 반응인가, 아니면 사랑하는 관계가 주는 일체감인가' '성관계는 남녀의 동등한 역학 관계에서 이루어지는가' 등은 우리가 지속적으로 토론해야 할 중요한 주제입니다.

또한 임신이 얼마나 경이롭고 아름다운 일인지, 몸이 한 생명을 품으면서 무엇을 경험하는지, 출산이란 어떤 것인지 등에 관해 여성들이 더 많은 이야기를 나누면 좋겠습니다. 폐경기에 대해서도 영성적 의미를 생각해 볼 기회가 필요합니다. 사회적으로는 폐경을 부정적으로 보는 것 같은데, 분명 폐경기가 선사하는 새로움과 자유 같은 것들이 있기 때문입니다.

나는 '지혜의 원' 피정을 지도할 때 몸과 성의 문제를 꼭 다룹니다. 그런데 이 주제를 여러 세대가 모인 자리에서 나눌 때 미묘한 갈등이 일어나는 것을 봅니다. 다른 영역에서는 차이를 인정한다고 말하면서 유독 성에 민감한 반응을 보이는 여성들이 있습니다. 이들은 성과 관련된 특정한 판단과 가치관을 거의 절대적으로 받아들이는 것 같습니다. 젊은 세대가 가지는 성 윤리와 기성세대의 성 윤리가 다른 것이 현실입니다. 세대 간의 대화를 위해서는 자신의 가치관만 고수할 것이 아니라 진지하게 서로의 이야기를 듣는 태도가 중요합니다.

그와 같은 열린 대화를 위해서는 먼저 자신의 견해를 정리하고, 그 견해를 구성하는 요소와 원인을 분석해 보면 도움이 됩니다. 가령 자신이 절대로 혼전에 성관계를 가지면 안 된다는 견해를 가졌다면, 그것이 가정교육에서 온 것인지, 기독교적 윤리관 혹은 개인적 철학에서 오는 것인지를 정리해 보는 것이 좋습니다. 또는 자신의 부자연스러운, 혹은 지나치게 확고한 태도가 성 문제에 대한 두려움이나 좌절에 뿌리를 둔 것은 아닌지 돌아볼 필요도 있습니다.

진지한 성찰 없이 맹목적으로 성에 관한 특정한 윤리나 가치관을 받아들인 사람은 다른 견해를 접할 때 더 혼란스러워하고 불편해합니다. 그러나 종교와 문화가 다른 사람들을 인정하고, 그들의 견해가 어디에서 비롯되고 무엇에 주안점을 두는지 진지하게 들어 봄으로써 우리는 자신의 견해를 건강하게 성찰해 볼 수 있습니다. 이런 대화를 그룹에서 할 때는 진행자가 구성원들이 서로의 견해차를 인정할 수 있도록 세심하게 도와주면 훨씬 수월하게 할 수 있습니다. 혼전 관계, 낙태, 동성애 문제에 대한 태도는 각자 다를 수 있습니다. 그러나 가장 중요한 것은 우리가 여성으로서 성에 대한 주체적인 인식을 갖도록 서로 도와주고 격려하는 것입니다.

바디 이미지

—

지금까지 이야기한 몸의 문제를 다시금 요약해 본다면 아마 '바디 이미지body image'라는 주제로 귀착될 것입니다. 대부분의 현대 여성은 이 바디 이미지 문제로 고통 받고 있습니다. 앞에서 이야기해 왔듯이, 여성이 자기 몸에 대해서 가지는 느낌은 다른 사람의 시선에 의해 결정되며 여성은 결국 자신의 몸으로부터 소외됩니다. 다른 사람의 시선과 문화적 담론을 통해 자신의 바디 이미지가 형성되는 것입니다. 사회가 강요한 바디 이미지를 극복하고 자신의 고유한 아름다움을 깊이 느낄 때, 여성으로서 성숙에 이르렀다고 볼 수 있습니다.

바디 이미지 문제를 보면 인간이 타자의 욕구를 욕망하는 존재라는 자크 라캉의 주상이 잘 들어맞는 것 같습니다. 타자의 시선과 의견이 자신의 몸에 대한 생각을 결정하고 있으니 말입니다. 가령 몸집이 큰 어떤 사람은 생활에 전혀 지장이 없고 오히려 건강한 상태임에도, 살이 쪘다는 다른 사람의 말 때문에 자신이 뚱뚱하고 아름답지 않다고 인식하기도 합니다.

영국의 심리학자 수지 오바크Susie Orbach는 그의 임상 경험을 다룬 책 《몸에 갇힌 사람들Bodies》(창비 역간)에서, 살은 여성주의 관점에서 생각해야 할 사회 현상이라고 이야기합니다. 그는 19세기에는 몸이 심리적인 문제를 드러냈지만, 현대 사회에서는 반대로 몸 혹은 바디 이미지가 심리적인 문제를 야기한다고 주장합니다. 프로이트가 발견한 히스테리는 성적 억압이라는 심리 문제가 몸으로 표현된 현상입니다. 그런데 오늘날에는 거꾸로 몸에 대한 부정적 경험이 많은 심리적 문제를 일으키고 있습니다. 젊은 여성들 사이에 거식증과 성형 중독이 만연하고 심하면 우울증과 자살 충동까지 나타납니다.

학교에서 학생들에게 질문을 던져 보면, 여학생의 90퍼센트 이상이 거울을 보면서 자신이 뚱뚱하다고 생각한다고 말합니다. 그 말은, 그들의 눈에 자신이 실제로 뚱뚱하게 보인다는 뜻입니다. 반면 남학생들은 대개 거울을 보면서 자신이 괜찮게 생겼다고 생각한다고 말합니다. 이 말 역시 그들의 눈에는 자신이 실제로 매력적으로 보인다는 뜻이지요. 이렇게 자기 인식에 강력한 영향을 미치는 바디 이미지는 아주 어릴 때 형성되는데, 이 시절에 어른들이나 친구들이 한 말은 마음속에서 없어지지 않습니다. 어린 시절이나 사춘기 때는 살이 찌는 시기가 있고 키가 크는 시기가 있는데 이는 자연스러운 성장 과정입니다. 그런데도 한순간 들은 부정적인 말이 평생 마음을 지배하면서, 자신감을 잃고 고통을 받습니다. 이 사례들에서처럼 여성들이 남성과 비교할 수 없을 정도로 큰 고통을 받고 위축되는 것은, 남성 중심적인 사회에서 여성이 통제당하고 판단 받는 위치에 있어서임을 간과해서는 안 됩니다.

내가 아는 한 미국인 여대생은 사춘기에 갑자기 뚱뚱해지고 가슴이 아주 커졌는데, 그 시기에 삼촌들이 그녀의 몸을 심하게 놀려 댔다고 합니다. 그녀는 운동을 열심히 하고 기도 생활도 열심히 하면서 조금씩 바디 이미지에 대한 상처를 극복한 것처럼 보였습니다. 그런데 힘든 대학원 공부를 시작하고 남자친구와 관계가 시들해지면서, 바디 이미지 문제가 되살아나기 시작했습니다. 자신이 너무 못생긴 것 같고, 옷을 입고 거울을 볼 때마다 한심하게 보여 몸서리를 칠 정도였습니다. 이렇게 잘못 형성된 바디 이미지는 한 사람의 영혼에 계속 머물면서 지속적으로 고통을 줍니다. 마침내 그녀는 바디 이미지라는 주제를 자신의 중요한 영적 과제로 인식하게 되었고, 그때부터 '지혜의 원' 작업을 시작해 3년 동안 나와 깊은 대화를 나누었습니다.

그녀는 이제 바디 이미지가 자신을 괴롭힐 때마다 자신의 몸과 바디 이미지는 동일하지 않으며 자신의 몸은 어느 순간이든 아름답다는 것을, 또 몸은 자기 존재 전체를 상징하기에 엉덩이가 커지거나 뱃살이 좀 불어난다고 해서 몸을 미워하지는 말아야 함을 깊이 인식하게 되었습니다. 이 정도 수준이 되려면 먼저 자신의 몸과 친해져야 합니다. 몸으로 하는 작업은 자기 몸과 친해지고 자신에게 맞는 적절한 체중과 몸의 균형점 등을 알아가는 좋은 통로가 됩니다.

여성들은 대부분 자기의 적정 체중을 무시하고 무조건 줄이고 싶어 합니다. 그런데 잘 생각해 보아야 합니다. 과연 자신에게 가장 적절한 몸무게는 얼마일까요? 몸무게는 몸 그 자체가 아니며, 몸무게가 줄었다고 해서 자신이 지닌 몸의 이미지가 바뀌지는 않습니다. 갑자기 살이 쪄서 불편하다면 원인을 찾고 해결해야겠지만, 생활에 아무 불편이 없고 또 스스로 행복하다면 굳이 숫자에 연연할 필요가 없습니다.

　20년 전 경기도의 한 성당에서 수녀로 있을 때, 그 성당에 다니는 한 자매와 이야기를 나누게 되었습니다. 체격이 큰 편이었고 늘 자신감과 생기가 넘치는 사람이었습니다. 이야기를 나누다가 젊은 자매들이 지나가는 모습을 보고, 내가 "아, 참 이쁘지요?" 했습니다. 그러자 그 자매는 이렇게 말하더군요. "우리 수녀님은 아직 몰라도 한참 모르네요. 나는 일자무식이어도 이건 알아요. 여자의 몸은 말이여, 다 이쁜 거요. 살이 찐 몸은 살이 찐 대로, 저리 가벼운 몸은 가벼운 대로요." 구수한 사투리로 여성의 몸은 다 아름답다고 열변을 토하던 그 자매를 생각하면 지금도 행복해집니다. 그렇습니다. 여성의 몸은 다 아름답습니다. 몸은 옆구리에 잡히는 살이 아닙니다. 몸은 사회가 강요하는 어떤 이미지가 아닙니다. 당당히 자신의 무게를, 존재의 중력을 즐기며 걸어가도록 합시다. 자신감은 여성의 몸을 진정 아름답게 합니다.

몸 작업

다시 정리해 보면, 몸은 우리 존재를 드러내는 상징이고, 나와 타인을 구분 짓는 경계인 동시에 타인과 소통하는 통로입니다. 그리고 삶의 경험을 저장하는 곳이기도 하지요. 하지만 우리 몸은 왜곡되고 그릇된 바디 이미지로 고통 받습니다. 다양한 종류의 몸 작업을 통해 우리는 바디 이미지를 교정하고 자기 인식을 높이며 자신의 정서를 더욱 깊이 이해할 수 있습니다. 가령, 부정적인 이미지가 너무 강력하거나, 혹은 너무 왜곡되어서 알아차리기 힘든 경험들을 몸을 매개로 다시 한 번 재현하면서 우리는 그 경험을 깊이 음미하고 잘 소화해 낼 수 있습니다. 또 가슴 속에 묻어 둔 경험을 더 확장하는 기회도 생겨납니다. 또한 다른 사람과 함께 어울려 작업을 하다 보면 자연스럽게 관계 속에서 자기 경계를 긋는 훈련을 하게 됩니다. 이렇게 해서 우리 몸은 영적 성장을 위한 훌륭한 도구가 되는 것입니다.

영적 성장에 도움이 되는 몸 작업이 따로 있는 것은 아닙니다. 우리가 일상에서 하는 요가나 체조도 좋은 작업인데, 가장 중요한 것은 자기 몸에 대한 관심입니다. 관심을 가지고 자기 몸을 바라보고 만져 보면서 자기 몸을 알아가는 것입니다. '지혜의 원'에서 하는 작업들도 우리가 일상에서 혼자 할 수 있는 것들입니다. 나는 몇 년 동안 일주일에 두 번씩 혼자 저녁에 춤을 추면서 내 몸의 균형을 알게 되고 바르게 서는 법도 자연스럽게 터득할 수 있었습니다.

'지혜의 원' 피정의 몸 작업에서 핵심은 춤을 추면서 자기 경험을 표현하는 것입니다. 이 과정에서 많은 자매들이 좀 더 편안하게 자기 경험을 대면하고 체화하게 됩니다. 이 작업은 일단 가볍고 즐겁게 각 사람 혹은 그룹 전체가 지닌 긴장감을 해소하는 효과가 있습니다. 여기서 각 사람은 어떤 동작들을 하는데, 이 동작을 인식하면서 자기 몸의 고유한 리듬을 알아가게 됩니다. 우리는 자신이 어떤 동작을 하고 있는지 잘 모를 때가 더 많습니다. 이런 때는 둘씩 짝을 지어 한 사람의 몸짓을 상대방이 거울이 되어 재현해 줌으로써 자신의 고유한 표현을 볼 수 있도록 도와줍니다. 이렇게 자기 몸동작의 불안함이나 느림, 주저함 등을 그대로 재현해 주는 상대방을 통해 사람들은 자신이 몰랐던 감정들을 깊이 느꼈다고 자주 말합니다.

10년 넘게 영성 공부를 함께 해 온 여성 그룹을 지도한 적이 있는데, 그날은 둘씩 짝지어 서로의 얼굴과 손을 바라보았습니다. 상대방의 얼굴과 손을 관상하기 위해서였습니다. 그러고 나서 상대방의 얼굴을 만져 보았습니다. 우리는 눈 주위와 뺨, 얼굴 여기저기를 만져 보면서 상대방을 깊이 만나고자 했습니다. 다음으로 손을 만져 보는 작업을 했습니다. 만질 때 드는 느낌을 잘 살피고, 또 어떻게 생겼는지 파악해 보도록 했습니다. 손가락 마디도 하나씩 만져 보고, 손톱은 어떤 모양인지 잘 살펴보았습니다.

시작하기 전에는 어색해하고 꺼리면 어쩌나 하는 마음에 의향을 물었는데, 의외로 이 자매들은 해 보고 싶다고 했습니다. 처음에는 장난처럼 시시덕거리며 재미있어 하고 웃음이 여기저기서 튀어나왔지만, 공간은 조금씩 조용해져 갔습니다. 시간이 지나면서 그들은 서로를 깊이 바라보았고, 마침내 여기저기서 눈물을 흘리기 시작했습니다. 그들은 서로의 젖은 눈을 바라보며 상대방의 눈물을 닦아 주고, 다시 깊은 침묵 속으로 들어갔습니다. 이 작업을 마치고 어떤 경험을 했는지 물으니, 여성들은 하나같이 상대의 고유한 아름다움을 보았다고 말했습니다. 오랜 세월 함께 공부하면서도 한 번도 친구의 눈을 깊이 들여다볼 시간이 없었고, 손 한 번 만져 볼 여유가 없었습니다. 그들은 서로를 바라보면서 "당신은 아름답다"고 고백하며 눈물을 흘렸습니다. 그렇게 나눈 후 우리는 감동 속에서 침묵했습니다. 진정한 아름다움 앞에서 우리는 침묵할 수밖에 없습니다. 그날 마주 앉은 자매를 바라보고 사랑으로 어루만지고 눈물 흘리는 그들의 모습에서 나는 창조주이신 신의 마음을 느꼈습니다.

몸 작업을 마무리하는 단계에서는 보통 모두 함께 춤을 춥니다. 어떤 형식이나 격식 없이 음악에 맞추어 그저 춤을 춥니다. 이 춤은

밀도 있는 나눔에서 생겨난 긴장을 느슨하게 해주는 역할을 합니다. 이 얘기를 듣는 사람들은 우리가 어떤 점잖은 클래식 음악에 맞춰 춤을 추지 않을까 생각하겠지만, 우리가 생각하는 클래식은 좀 다릅니다. 과연 생텍쥐페리의 《어린왕자》는 클래식일까요? 오랜 시간을 거쳐 많은 사람의 공감을 받은 것을 클래식이라고 한다면, 《어린왕자》는 분명 클래식일 것입니다. 내가 춤 작업을 해 오면서 선택한 곡 중에는 남녀노소 누구나 함께 즐길 수 있는 아바Abba의 노래들이 많습니다. 그런 면에서 아바의 노래들은 엄연히 클래식이라 할 수 있겠지요.

한번은 영성 지도자가 되려고 공부하는 한 그룹과 함께 춤 작업을 했는데, 당시 70세이던 조용하고 점잖은 한 학생이 아바의 음악에 춤을 추기 시작하더니 급기야 원 한가운데로 들어가 격렬한 춤을 추었습니다. 그 모습에 모두가 놀랐는데, 그 누구도 점잖은 텍사스 할머니에게 그런 열정이 숨어 있을 줄은 몰랐기 때문입니다. 더 놀라웠던 것은, 춤을 마친 후 가벼워진 그분의 얼굴 표정과 몸짓이었습니다. 스스로 몸의 주체가 되어, 충만하게 몸을 느끼는 순간이 얼마나 평화로운지를 그 표정과 몸짓에서 느낄 수 있었습니다.

나는 빛을 발하는 당신의 진정한 색깔을 볼 거예요.
두려워하지 말고 그 빛들의 진실한 색을 보여주세요.
- 빌리 스타인버그Billy Steinber, True Colors

영성은 자신에 대한 깊은 지식을 추구하는 것, 있는 그대로의 자기를 알아 가는 과정입니다. 가톨릭 신부이자 시인인 토머스 머튼Thomas Merton은 있는 그대로의 자기를 '참 자아true self'라고 말합니다. 참 자아를 찾는 과정을 통해서 우리는 타인과 세상과 궁극적인 진리 혹은 신을 깊이 깨달아 갑니다. 그렇다면 '어떻게 나를 알 수 있는가' 하는 이 인식론의 문제야말로 우리 앞에 놓인 가장 핵심적인 과제라 할 수 있습니다.

이 점에서 나는 감정을 영성 생활을 구성하는 아주 중요한 요소로 여깁니다. 근본적으로 감정은 이성보다 자신을 이해하는 데 훨씬 많은 단서를 제공합니다. 우리는 때때로 스스로를 기만하고 세상을 왜곡된 방식으로 대하며, 진짜가 아닌 것을 논리로 정당화하고 무장하며 위장된 삶을 살아갑니다. 이와 같은 과정을 철저하게 잘 수행해 내는 것이 바로 이성입니다. 물론 감정도 상황을 왜곡하거나 과장하는 위험이 있을 것입니다. 하지만 그런 경우 감정은 대개 분열된 방식으로 표현되는 반면, 정당화된 이성과 논리는 훨씬 더 강력하고 일관성 있게 방어막을 형성합니다. 그래서 진정한 자기 이해를 위해서는 감정을 아는 것이 훨씬 더 중요합니다.

감정에 대한 오해

하지만 앞 장에서 다룬 '몸'이 그러했듯이 감정 역시 많은 질곡에 빠져 있습니다. 특히 기독교 문화에 속한 사람들은, 감정이 죄의 뿌리가 된다는 인식 때문에 분노나 질투 같은 감정을 바로 눌러 버리거나 은폐하는 경향을 보입니다. 또한 대부분의 문화에서 여성은 유약하고 온유하며 욕심 없는 사람이 이상화되고, 남성은 두려움이나 슬품을 느끼지 않는 진취적이고 강한 사람이 이상화됨으로써, 인간으로서 느끼는 여러 감정을 이름 짓고 또 그것이 어디서 와서 어디로 가는지를 바라볼 수 있는 공간이 제거되어 왔습니다. 하지만 감정은 인간의 정직한 심리적·신체적·정신적 경향을 드러내 주는 표지입니다. 다양한 감정이 한 사람의 영혼 안에서 자리를 잡고 인격의 한 부분으로 형성되어 가는 과정을 통해 우리는 비로소 온전하게 성장합니다.

감정을 부차적인 것으로 인식하고 억압하게 된 데는 역시 플라톤의 영향을 무시할 수 없습니다. 플라톤은 《국가》에서, 인간의 영혼이 이성reason, 기개spirit, 욕구appetite로 구성되었다고 설명합니다. 여기서 영혼의 두 번째 구성 요소인 기개는 특히 분노와 열정과 관계된 것이며, 그는 잘 발달된 인간은 이성에 대한 '열정' 혹은 불의에 대한 '분노'가 용기로 표현된다고 이야기합니다. 그런데 플라톤은 세 가지 요소 중 이성을 가장 중요하게 여겼습니다. 그는 인간의 영혼은 말 세 필이 끄는 수레와 같으며, 이성이라는 말이 다른 두 마리 말을 잘 통제할 때 비로소 조화를 이룬 이상적 인간이 된다고 말했습니다. 이런 식으로 플라톤 이후 서구의 정신에서는 줄곧 이성이 우위를 점해 왔습니다.

우리가 여성으로서 감정을 다루려고 할 때 반드시 맞닥뜨리게 되는 문제는 바로 '여성은 감정적이다'라는 말로 여성의 감정을 비하하는 경향입니다. 이런 경향은 앞 장에서 다룬 플라톤식 이분법과 깊은 관련이 있을 것입니다. 이 이분법적 사고에서 '남성/여성' '이성/감정'이 획일적으로 구분되고 감정이 여성에 귀속됨으로써 자연스럽게 여성의 감정이 열등한 것으로 인식됩니다.

이 문제에 접근하는 방식은 여러 가지가 있습니다. 먼저, 여성이 정말로 남성보다 더 감정적인지 질문해 볼 수 있습니다. 혹시 문화적 조건 때문에 유독 여성이 감정이 풍부한 인간으로 성장하는 건 아닐까요? 감성의 발달은 성차와는 관계없고 개인의 차이라는 이론을 지지하는 많은 연구 결과들도 있습니다. 경험을 통해서도 우리는 남성 중에도 감정이 풍부하게 발달해서 다른 사람의 마음을 잘 읽고 편안하게 해주는 이들을 자주 봅니다. 또 여성 중에서도 다른 사람이 상처를 받는 데 무심한 듯 보이고 감정보다 논리가 더 발달한 이들이 있습니다.

또 한 가지 중요한 접근은, 감정이란 결코 비하해서는 안 될 중요한 인간적 자질임을 인정하는 것입니다. 감정이 발달한 사람들은 다른 사람들에 대한 공감 능력이 뛰어납니다. 이렇게 공감 능력이 뛰어난 사람들은 이 사회에서 우리가 함께 살아가는 데 꼭 필요합니다. 그룹을 이끄는 리더의 공감 능력은 구성원 각자가 효율적으로 활동하고 공동체가 조화를 이루는 데 핵심적인 조건이 됩니다. 특히 감성의 중요성이 계속해서 부각되는 이 시대에는, '여성은 감정적이다'라는 말이 오히려 여성의 긍정적 가치를 인정하는 말이 될 수 있습니다.

마지막으로, 감정을 여성이 지닌 독특한 본질이라고 보는 견해입니다. 본래 이 이론은 상담이나 심리치료 현장에서 여성들과 직접 일한 여성주의 학자들에게서 나온 것입니다. 나는 여성이 정말로 더 감정적인가 아닌가 하는 문제에 그리 큰 관심이 없지만, 나 역시 여성들과 개인으로 혹은 그룹으로 작업을 하면서 여성의 삶이 감정 영역과 결코 뗄 수 없는 관계에 있다는 것을 경험적으로 알게 되었습니다. 낮은 자신감 때문에 삶을 건강하게 살아가지 못하는 여성들, 억눌린 감정 때문에 깊은 아픔을 겪는 이들을 나는 많이 만났고, 자연스럽게 우리 삶의 결에 깊이 배어든 감정의 문제들을 어떻게 해석하고 해결할 수 있는가에 초점을 두게 되었습니다. 감정은 분명 여성의 영적 성숙을 위해 꼭 짚어 볼 부분이며, 이 장에서는 감정과 관련된 훈련들을 집중적으로 다룰 것입니다.

감정을 다루는 훈련

—

자기의 감정을 잘 알고 또 잘 다루기 위해서는, 상담심리에서 자주 사용하는 '이름 지어주기-길들이기-보내기'의 구도를 이해하면 좋습니다. 이것은 주로 부정적인 감정에 해당하는 내용인데, 어떤 나쁜 감정에 붙잡혀 헤어나지 못하면 새롭게 다가오는 경험도 이전 경험의 틀로만 이해하려 하게 되고 지속적으로 고통을 받습니다. 누군가를 용서할 수 없는 원한의 감정, 미워하는 감정, 복수심 같은 감정이 그런 것들입니다. 그런데 긍정적이고 좋은 감정도 이 방식으로 다룰 수 있습니다. 있는 그대로 그 감정을 대면하고 또 그대로 보내줌으로써, 본연의 자아를 더 깊이 만나게 됩니다.

이름 지어주기 —

이름을 지어준다는 것은, 내면에 있는 감정이 무엇인지를 알아내는 작업입니다. 김춘수의 〈꽃〉이라는 시에 "내가 그의 이름을 불러 주기 전에는/ 그는 다만 하나의 몸짓에 지나지 않았다"라는 구절이 있습니다. 내가 이름 짓고 관심을 갖기 전까지는, 그 어떤 감정도 그저 존재 없는, 그러나 이상하게 부담을 주는 어떤 덩어리 같은 것으로 존재합니다. 그런데 무언가에 이름을 지어준다는 것은 둘 사이에 친밀함이 생겼다는 의미입니다. 친구가 되는 것이지요. 학창 시절 친한 친구들끼리 서로 별명을 지어 불러 주거나, 이름을 약간 변형시켜 불러 준 기억들이 있지 않은지 한번 떠올려 봅시다.

또 이름을 부르는 행위에는 자신이 '주체'라는 의식이 담겨 있습니다. 히브리 성서를 보면, 유대인들이 야웨 하느님의 이름을 직접 부르지 않습니다. 우리 문화에서도 부모님의 이름을 함부로 말하지 않습니다. 아버지의 이름을 말해야 하는 상황에서도 한 자씩 띄어 발음하곤 합니다.

도덕경에는 "도를 도라고 이름 지으면 더 이상 도가 아니다"라는 명구가 있는데, 진리를 '이것이다' 이야기하면 '이것이 아닌' 부분이 동시에 강조되면서 진리가 왜곡된다는 지혜를 담은 말씀입니다. 그러므로 내가 느끼는 알 수 없는 감정에 이름을 지어준다는 것은 자기를 알아가고 있는 지금 이 순간의 작업에 국한되며, 시간이 흘러 그 이름은 또 바뀔 수 있다는 것을 알아야 합니다. 그와 같은 전제 아래, 우리는 하나의 감정을 이름 짓고, 그 감정과 관계를 맺고, 그 감정을 자유롭게 떠나보낼 수 있습니다.

그런데 감정은 그 자체로 여러 기복을 겪기도 하고, 스펙트럼이 다양해 정확히 파악하기 힘들 때가 많습니다. 학자들 간에 이견은 있지만, 인간이 느끼는 기본적 감정은 대체로 두려움, 사랑, 분노,

기쁨, 슬픔, 이 다섯 가지로 분류된다고 합니다. 그런데 사랑에도 설렘, 좋음, 가슴이 미어지도록 애틋한 사랑, 아낌, 미치도록 좋음, 씁쓸함, 질투 등 이루 헤아릴 수 없이 다양한 감정이 있습니다. 이처럼 우리가 실제로 경험하는 감정은 너무나 복잡해서 이름을 지어주기가 여간 힘들지 않은데, 그러므로 훈련이 필요합니다. 나도 처음 영성을 공부하면서 감정을 알아내는 훈련을 한 적이 있는데, 감정을 나타내는 영어 단어를 하나하나 익히면서 여러 가지 감정의 미세한 강도 차이를 이해하는 훈련이 외국인으로서 더욱 힘들었습니다. 영한사전에는 같은 의미로 되어 있지만 다양한 뉘앙스에 따라 섬세하게 다른 상태를 설명하는 감정들의 목록이 참 놀라웠습니다.[10]

비록 그 이름이 절대적이지도 영원하지도 않을지라도 이 복잡미묘한 감정, 좀처럼 알기 힘든 이 경험에 이름을 지어줄 때 비로소 우리는 감정과 관계를 형성하는 첫 단계에 들어섭니다.

길들이기 ─

'길들이기' 단계에서는 어떤 감정과 충분히 친해져서 그 감정을 겪을 때 일어나는 신체적·정서적·영적 반응을 익숙하게 알게 됩니다. 《어린왕자》에서 생텍쥐페리가 "사랑한다는 것은 길들이는 것"이라고 이야기했듯이, 길들이기는 감정을 이해하는 가장 중요한 과정이라고 하겠습니다.

　나는 어린왕자가 여우와 아름다운 우정을 맺을 수 있었던 것은 여우에 대한 어떤 편견도 가지지 않았기 때문이라 생각합니다. 여우는 영리하지만 비열하다든지, 끝까지 의리를 지키지 못하고 자기 이익을 찾아가는 얄팍한 동물이라든지 하는 편견을 가지면, 결코 친구가 될 수 없었을 것입니다. 이처럼 자신의 감정에 대해서 어떤 판단을 내리지 않는 것이 길들이기의 관건입니다. 예를 들어 어떤 사람이 분노라는 감정을 좋아하지 않는다고 생각해 봅시다. 그 사람이 그 감정을 싫어하게 된 것이 부모님 때문이든 사회적·문화적 압박 때문이든, 어떤 이유에서든 그 사람은 분노가 자신 안에서 일어났음을 받아들이기가 쉽지 않습니다.

　그래서 길들이기 과정에는 그 감정에 대한 자신의 심리적·육체적 반응을 알아가는 일이 포함됩니다. 다른 사람은 다 그가 화난 것을 아는데 오직 자신만 모르는 경우, 혹은 화가 나지 않았다고 자신조차 속이려 하는 경우, 화가 났을 때 자신의 고유한 신체 반응을 자각하면 의외로 쉽게 자신의 분노를 인정할 수 있습니다. 또한 자신이 일상에서 어떤 단어를 주로 사용하는지, 무심코 반복하는 그 단어가 어떤 감정을 담고 있는지를 살펴보는 것도 편견 없이 감정을 인지하는 데 도움이 됩니다.

궁극적으로, 감정을 길들인다는 것은 그 감정을 수용함으로써 감정과 그에 대한 반응 사이에 공간이 생겨남을 의미합니다. 예를 들어 보겠습니다. 자녀가 공부를 게을리해서 화가 난 어머니는 컴퓨터 게임을 하는 자녀에게 공부하라고 소리칩니다. 아이는 소리 지르는 어머니에게 "그만 좀 해"라고 쏘아붙이고 제 방으로 들어가 버립니다. 그런데 이런 경우 대부분의 어머니는 자신의 감정을 잘 모른 채 버럭 소리를 지릅니다. 그러다 자신이 좀 심했다는 생각에 머쓱해지면 '나 위해서 그러나, 저 잘되라고 하는 거지'라고 혼잣말을 합니다. 그러나 "공부 좀 해라"라는 목소리에는 분명 감정이 담겨 있기 마련이기에, 먼저 그 감정이 무엇인지를 알아야 합니다. 그리고 화를 낸 순간 자신의 감정과 그에 대한 반응(행동) 사이에 한 치의 공간도 없었음을 깨달아야 합니다. 감정을 길들인다는 것은 순간 자신이 화가 났음을 인식하고, 당장 공부하라고 소리 지를 것인지 다른 행동을 취할 것인지를 결정하고, 그 결정에 따라 행동하는 것입니다. 만일 내가 크게 고함치기로 결정하고 그렇게 한다면, 그 소리는 좀 더 분명한 의미를 지니고 상대에게 전달될 것입니다.

더 나아가, 감정을 길들이는 것에는 삶에서 일어나는 사건들에 대한 자신의 감정적 반응이 어떤 원인에서 오는지를 이해하는 작업이 포함됩니다. 앞의 예에서, 컴퓨터만 하고 있는 자녀의 행동에 대해 내가 터뜨린 화는 어디서 오는 것일까요? 그 화가 남편과의 불만족스러운 관계에서 오는지, 자녀가 공부를 잘하기 바라는 욕구가 좌절된 것에서 오는지, 혹은 자녀와의 불편한 관계에서 오는지, 하나하나 점검해 보아야 합니다. 또한 그 원천에는 자녀가 공부를 잘하기 바라는 마음도 있을 것입니다. 자신의 찬란하지 못한 학창시절에 대한 보상 심리, 자기 자신처럼 자녀 역시 우등생이어야 한다는 기대, 삶과 미래에 대한 무의식적인 불안 등 여러 이유가 있을 것입니다.

내가 아는 한 동료는 항상 굉장히 화가 난 것처럼 보이는 여성이었습니다. 어떤 동료는 그녀의 얼굴 근육 자체가 화난 채로 굳어 있다고 말할 정도였고, 그 친구와는 함께 작업하기가 너무 힘들다고 이야기하는 사람들도 많았습니다. 그런데 놀랍게도 정작 본인은 자신을 전혀 그렇게 생각하지 않았습니다. 오히려 그녀는 사람들이 자신에게 조금만 부정적인 표정을 짓거나 큰소리로 말하면 눈물이 나고 너무 힘들다고 이야기했습니다. 마침내 이 친구는 사람 만나는 일을 피하기 시작했습니다. 자신의 분노는 다른 사람들의 태도 때문이며, 자신은 그저 상처받기 쉬운 예민한 사람이라고 규정한 것입니다. 그것도 옳은 판단일 수 있지만, 최소한 자신이 어떤 행위에 화가 나고 그에 따라 어떤 반응이 나타나는지를 정직하게 살펴보아야 합니다. 주로 어떤 감정이 자신을 사로잡고 있는지, 또 그것이 어디서 와서 어디로 가는지를 알아야 그 감정을 떠나보낼 수 있습니다. 타인이 생각하는 나와 내가 생각하는 나 사이에는 어느 정도 간극이 있기 마련이지만, 그 차이가 너무 심하다면 스스로를 인식하는 방법이 크게 왜곡되었다는 뜻입니다.

영성 수련 중에는 하루 동안 자신의 감정이 어떻게 흘러갔는지를 비디오 보듯 돌아보거나 주로 어떤 감정이 자기를 지배하는지 살펴보며 기도를 드리는 의식 성찰의 시간이 있습니다. 불가에서도 감정이 어디서 와서 어디로 가는지 살펴보라고 가르칩니다. 자신의 감정을 두려움이나 억압 없이 잘 바라보는 훈련은 일생을 통해 계속 배워 가야 할 과정인 것 같습니다.

보내기 —

몇 년 전 아주 인기를 끌었던 디즈니 만화 〈겨울왕국〉에서 돋보였던 노래 중에 〈렛 잇 고Let it go〉가 있습니다. 내가 만나는 여대생 그룹에서 이 영화를 보고 감상을 나눈 적이 있는데, 그중 여러 명이 이 주제가가 인상 깊었다고 꼽았습니다. 가사를 들어 보면, 이제 다른 사람의 평가에 연연하거나 옳고 그름을 따지는 과거를 떠나겠다고, 다시는 그때로 돌아가지 않겠다고 다짐하며, 새로운 새벽이 오듯 자신도 새로워지겠다고 이야기합니다. 이것이 바로 보편적인 '보내기'

의 정의입니다. 하지만 영성에서 이야기하는, 감정을 알아가는 마지막 단계로서의 보내기는 '렛 잇 고'에서 한 단계 더 나아갑니다.

사실 어떤 감정을 떠나보낸다는 말은 그 감정을 유발한 깊은 상처나 마음 아픈 기억을 떨쳐 낸다는 뜻으로 읽기 쉽습니다. 즉 다시는 이 경험을 보지도 생각지도 않겠다는 것인데, 이런 식의 '렛 잇 고'는 있어서는 안 되고 있을 수도 없습니다. 왜냐하면 그렇게 떠나보낸 감정들은 또 어느새 곁에 다가올 것이고, 다른 종류의 감정으로 왜곡되어 위장한 채 우리를 괴롭힐 테니까요.

그렇다면 진정한 보내기란 무엇일까요? '어떤 경험이 촉발한 감정들을 그대로 수용하는 것'이 훨씬 근접한 답이겠습니다. 이것은 마치 환청과 환각에 시달리는 분열증 환자에게는 허상의 인물이나 목소리를 그대로 두고 인정하며 생활하는 것이 곧 치유인 것과 같은 이치입니다. 어떤 감정이나 그 감정 뒤에 숨어 있는 여러 기억들이 수술을 하듯이 일순간 사라지는 일은 없습니다. 그러므로 자신이 지금 느끼는 것이 어떤 감정인지, 그 감정이 어디서 오고 어디로 가는 경향이 있는지를 알고, 부드럽고 다정하게 끌어안는 것이 진정한 의미의 보내기입니다.

그래서 우리는 '렛 잇 고-렛 잇 컴'을 함께 말해야 합니다. 진정한 의미에서 어떤 감정을 떠나보낸다는 것은 그 감정을 유발했던 기억들을 있는 그대로 바라보고, 그 기억들이 만들어 낸 자신의 행동 패턴까지 보듬어 안는 것입니다. 과거 기억 저편의 어떤 감정들이 다시 올라오더라도 자연스럽게 그것을 바라보는 것입니다.

성숙한 사람에게는 아픈 감정이 더 이상 상처가 아니라 삶의 고유한 무늬로 자리 잡습니다. 우리는 그 무늬를 자랑스럽게 펼쳐 보일 수도 있고, 그것에 개의치 않는 자유로움을 얻을 수도 있습니다.

여성영성에서 중요한 감정들
—

삶은 다양한 감정으로 짜여 있습니다. 우리가 희로애락을 이야기하지 않고 인생을 말한다면, 아마도 그 인생은 아무런 맛이 나지 않는 음식과도 같을 것입니다. 우리가 살아가면서 겪는 무수한 감정들 모두가 중요하지만, 여성영성을 이야기할 때 좀 더 주의해서 보아야 하는 감정이 있습니다. 여성의 삶에 가장 큰 영향을 끼치는 감정은 사랑과 두려움 그리고 분노인 것 같습니다. 이제 이 기본 감정들이 어떻게 여성의 삶의 자리에서 독특한 방식으로 작동하는지, 또 그것들을 어떻게 잘 다룰 수 있는지 이야기해 보려고 합니다.

사랑 —

모든 인간은 사랑을 받고 싶어 합니다. 남성과 여성을 막론하고 누구에게나, 사랑받는다는 느낌은 정말 중요한 감정입니다. 〈당신은 사랑받기 위해 태어난 사람〉이라는 기독교 노래가 종교와 상관없이 모든 사람에게 큰 감동을 주는 것을 보아도 그렇습니다.

그런데 여성들은 이 사랑의 감정에 더 큰 영향을 받는다는 생각이 듭니다. 여성들은 사랑받는다는 느낌에 굉장히 집착하고 사랑받기 위해 노력하는 경향이 있습니다. 어떤 여성들은 사랑스러운 모습을 연출하기 위해 행동하고 말하고 옷을 입습니다. 나이에 어울리지 않게 어린아이처럼 말을 하고 연약한 듯 행동하는 사람들을 주위에서 어렵지 않게 봅니다. 그런데 이 현상을 가만히 들여다보면, 누군가에게 '사랑스러운' 사람이 된다는 것은 남성 혹은 남성으로 대표되는 사회적 권위와 힘으로부터 특별한 관심과 혜택을 받는다는 뜻임을 알 수 있습니다.

몇몇 여성학자들의 해석에 따르면, 여성이 이처럼 사랑받는 감정에 집착하게 된 이유는 남성 중심 사회에서 생존하기 위해서입니다. 힘과 권력을 가지지 못한 여성이 살아남기 위해서는 결국 남성의 눈에 드는 수밖에 없었던 것입니다. 그래서 여성들은 본능적으로 '남성이 가지고 싶어 하는 사람'이 되고자 합니다. 여기서 '사랑'의 감정은 능동태라기보다는 수동태입니다. 이런 수동태의 사랑은, 사랑을 받는 법에만 골몰하고 정작 사랑을 '하는' 데는 미숙하고 소극적입니다. 그래서 사랑하는 감정을 잘 모르거나, 사랑받지 못하리라는 두려움이 커서 아예 마음을 닫아 버리거나, 그저 소극적으로 자기를 사랑해 주는 사람을 선택합니다.

하이힐도 이런 맥락에서 이해할 수 있습니다. 하이힐은 상당히 불편하지만, 몸매가 돋보이고 여성스러워 보인다는 이유로 많은 여성들이 신습니다. 누군가가 '아름답게' 보아 주고 좋아해 주는 것이, 스스로 편하고 예쁘다고 생각하는 것보다 더 중요하기 때문입니다. 나는 요즘 여성들이 직장이나 심지어 공식적인 자리에서 운동화를 신는 유행이 번져 가고 있는 것을 매우 반갑게 여깁니다. 남성과 동등한 존재로서 동등하게 일한다는 적극적인 의식에서 나온 행동이라 생각하기 때문입니다.

시애틀에 사는 한 소녀가 고등학생이 되기 전 프롬(Prom, 졸업파티)을 앞두고 있었습니다. 그녀가 가족들이 모인 자리에서 친한 남학생에게 함께 가자고 말할 거라고 하자, 가족들은 모두 깜짝 놀라 그런 곳에는 절대 여자가 먼저 가자고 말하면 안 된다고 충고했습니다. 소녀는 왜 남자가 먼저 가자고 해야 하느냐고 되물었습니다. 그 소녀를 어릴 때부터 계속 지켜보아 온 나로서는, 이 이야기를 들으며 여간 신나고 기쁘지 않았습니다. 자기가 좋아하는 소년에 대해 스스럼없이 이야기하고 함께 시간을 보내고 싶다고 표현하는 건강한 사랑의 감정에, 박수를 쳐 주고 싶었습니다.

감정을 적극적으로 표현하지 말고 누군가에게 사랑받는 사람이 되어야 한다고 암묵적으로 가르치는 이 사회에서, 여성은 자신을 점차 주체가 아닌 객체, 누군가를 위한 대상으로 인식하게 됩니다. 나는 우리 시대의 여성들이 이런 수동적인 태도를 극복하고, 마음에 드는 남성에게 다가가서 말도 걸어 보고 전화번호도 달라고 하면서 자신이 좋아하는 것을 지속적으로 선택해 가기를 바랍니다. 여성들의 내면에 주체적인 사랑의 감정이 충만하게 솟아나고 그것이 여성의 삶에 더 큰 힘을 주기를 바랍니다.

두려움 ─

인간은 누구나 기본적으로 두려움이라는 감정에 지배됩니다. 그래서인지, 창세기에서 요한묵시록까지 통틀어 성서에서 자주 언급되는 말이 바로 "두려워하지 말라"는 말씀입니다. 여성들은 특히나 두려움이 많은 것 같습니다. 폭력이 만연한 사회에서 살아가는 여성들은 물리적 타격에 대한 두려움을 기본적으로 지니고 있습니다. 그런데 특히 사랑받지 못한다는 두려움, 받아들여지지 않는다는 두려움은 건강하지 않은 다른 감정들을 일으킵니다. 예를 들어 형제자매와 부모의 사랑을 놓고 경쟁하며 자란 사람은 관심을 독차지하려는 욕구, 혹은 남을 제치고 일등을 하려는 강박을 갖기 쉽습니다.

늙음과 죽음에 대한 두려움도 매우 강력하게 우리를 지배합니다. 젊음과 건강을 추구하고 오래된 지혜를 인정하지 않는 세태에서, 여성들은 늙음을 감추려 하고 나이듦을 인정하려 하지 않습니다. 젊어 보이고 싶은 것은 인간이면 누구나 갖는 욕구이겠지만, 자신이 향유했던 젊음을 다음 세대에게 내어주는 것은 물 흐르듯 자연스러운 섭리가 아닐까 생각해 봅니다. 죽음에 대한 무의식적 두려움은 자식에 대한 집착으로 나타나기도 합니다. 자식에게 자신을 투영하며 높은 기대를 걸거나 특정 방식의 삶을 강요하기까지 하는데, 이것은 영원히 죽지 않기를 바라는 마음의 발로라고 할 수 있습니다. 우리는 삶의 순환 고리에 죽음이 있음을 인정하고, 자녀들이 우리 생명을 이어가는 통로가 되는 것은 오직 그들이 자신의 삶을 충만히 살도록 모든 것을 내어줄 때만 가능한 일임을 알아야 합니다.

약간의 두려움은 사람을 분발하게 하는 힘이 있으므로 나쁘다고만 할 수는 없습니다. 그런데 두려움이 지나치면 고유한 삶의 길을 가로막는 장애물이 됩니다. 실패, 사회의 이목, 집안에 수치를 가져올 것에 대한 두려움 때문에 자신이 꼭 하고 싶은 일을 포기하는 여성, 자신의 삶을 강제하는 틀을 깨지 못하고 묶여 살아가는 여성들을 종종 봅니다. 50세가 넘어도 남편의 그늘 아래서 아이처럼 살아가는 여성도 있고, 아직도 자기가 딸보다 더 예쁘다고 주장하는 엄마들도 있습니다. 어느 정도 개인적인 성향도 있겠지만, 왜 아직도 자신을 소녀같이 연약하고 보호가 필요한 존재라고 믿고 있는지 깊이 생각해 보아야 할 문제입니다.

한 여성이 내게 들려준 놀라운 이야기가 있습니다. 그분은 유능하고 똑똑한 남성을 우연히 만나 드라마 같은 결혼을 했고 무척 행복한 생활을 했다고 합니다. 자상한 남편은 부부동반 모임에 갈 때면 아내에게 머리부터 발끝까지 새 옷을 사 입혀 모든 사람의 관심을 받아야 속이 시원해지는 사람이었습니다. 그녀는 그런 남편을 둔 자신이 아주 성공적인 결혼 생활을 하고 있다고 믿었습니다. 그런데 어느 날 그녀는 자신이 좁은 공간에서 숨을 쉴 수가 없다는 사실을 알게 되었습니다. 비행기를 타려다 숨이 막혀서 여행을 취소해야 했고, 영화관 같은 곳에서는 한순간도 앉아 있을 수 없었습니다. 또 벌레나 쥐가 무서워서 늘 남편이 치워 줘야만 했습니다.

그때부터 그녀는 마냥 행복하게만 보이던 자기 삶이 어딘가 잘못되었음을 느끼고 스스로 질문을 하게 됩니다. 그리고 남편과의 관계에서 자신의 자리가 완전히 사라져 버렸음을 마침내 깨닫고는, 힘들지만 그 안락하고 부유한 결혼 생활을 끝내 버렸습니다. 놀랍게도 이혼 후 벌레나 쥐를 두려워하는 증세가 말끔히 사라졌습니다. 이처럼 어떤 극도의 공포에 시달린다면 자기의 삶을 주체적으로 살지 못하는 데 그 원인이 있을 수 있습니다. 다행히도 이 여성은 두려움이라는 감정을 통해 자신의 수동적 삶을 발견하고, 과감히 자신만의 삶을 찾기 위해 뛰쳐나올 수 있었습니다.

분노 —

이제 다룰 분노는 여성영성에서 가장 중요하게 다루는 감정입니다. 여성은 참는 것이 미덕이라고 여기는 문화에서, 여성들은 화가 나도 감정을 무조건 누르게 됩니다. 특히 미국에서는, 소리를 높이거나 화를 내는 사람을 거의 인생의 낙오자처럼 취급하는데, 그래서인지 소리를 낮춘 상태로 폭발할 듯 화를 내는 미국인들의 모습도 드물지 않게 봅니다. 한국의 경우, 많은 사람들이 울화병을 겪고 있는데 이는 한국 사람에게만 있는 고유한 질환으로 미국정신의학회에 등재되었을 정도입니다. 자꾸 화를 삭이다 보면, 가슴이 아프기도 하고 심장이 쿵쿵 뛰기도 하며 엉뚱한 순간에 화산처럼 폭발하기도 합니다.

여성들에게 특히 분노가 중심 감정이 되는 이유는, 자신을 배제한 채 돌아가는 남성 중심의 사회 구조 속에서 화가 많이 날 수밖에 없기 때문입니다. 사회는 분노를 부정적인 것으로 규정함으로써 억압받는 그룹으로 하여금 화내는 사람은 열등하다고 믿도록 조장합니다. 하지만 어떤 면에서 화는 자신을 보호하는 감정입니다. 폭력을 당할 때 통증을 느끼며 자신이 맞고 있음을 아는 것처럼, 화가 난다는 것은 마음이 아프다고 호소하는 신호입니다. 화를 내지 않으면 사람은 자신이 상처받는 상황을 결코 벗어날 수 없습니다.

그런 점에서, 자신이 '어떤' 지점에서 '왜' 화가 나는지 아는 것은 정말 중요합니다. 많은 경우 화는 타인과의 경계를 지어 줍니다. 어떤 사람과 가까이할 때 화가 난다면, 그것은 나를 그 사람으로부터 보호하기 위해 거리를 두라는 신호입니다.

한 교포 여성이 어떤 남자와 데이트를 시작했습니다. 그는 말이 없는 편이지만, 속마음은 따스한 사람이었습니다. 그런데 그는 늘 이 여성에게 부정적인 말을 했습니다. "너는 예쁜 편이 아니야." "너는 별로야." "네가 예쁘다고? 말도 안 돼." 이런 유의 말은 분명 언어폭력인데도, 그리 심각하지도 않은 것 같고 약간 기분이 상하는 정도여서 그 만남을 지속했다고 합니다. 원래 그녀는 자신에 대해 긍정적이고 적극적인 사람이었는데, 그런 말을 계속 들으면서 점점 자신이 초라해지고 몸도 어딘가 불편해짐을 느꼈습니다. 데이트를 하고 집에 돌아오면 이상하게 화가 났습니다. 이해할 수 없을 정도로 강하게 폭발하는 자신의 분노를 살펴보다가, 그녀는 자신을 폄하하는 부정적이고 비판적인 말투에 상처받은 자아를 보호하기 위해 화를 내고 있음을 깨달았습니다. 또 그것은 당장 그 관계를 끝내지 못하는 자신에 대한 화이기도 했습니다. 결국 그녀의 분노는 그 관계를 정리하는 데 도움을 준 것입니다.

많은 사람들은 관계를 잃을까 두려워 화를 참습니다. 하지만 분노를 무시하면 큰 대가가 따릅니다. 분노를 돌보지 않으면, 그 분노는 점차 커져서 엉뚱한 곳에서 터지기도 하고 이성을 잃게도 합니다. 그러면 스스로 자신이 문제라고 생각하여, 타인의 시선과 반응 때문에 화를 내지 않겠다고 결심합니다. 또는 화를 낸 상대에게 사과를 하면서 다시 분노를 누릅니다. 그러다 보면 심장이 쿵쾅거리며 뛰거나 온몸이 아프고, 손가락 하나 까딱할 수 없을 만큼 무력감에 시달리며 악순환을 반복합니다. 특히 남편에게 철저하게 의지하는 여성의 경우, 우울과 무기력증, 낮은 자아감으로 고통스러워하는 이들이 많습니다.

화는 에너지이기 때문에 그것이 어디서 와서 어디로 가는지를 중립적으로 바라볼 수 있어야 합니다. 자신을 보호하는 이 에너지를 꾹 눌러 버리면, 자기혐오, 우울, 알콜 중독 등에 빠지기 쉽습니다.

반대로, 가장 강렬하며 빨리 움직이는 에너지인 분노를 긍정적으로 사용하면 잘못된 사회를 바꾸고 정의를 위해 행동하는 중요한 동력이 될 수 있습니다. 가난한 자가 당하는 불의에 화가 날 때 우리는 행동하게 되고, 그 행동으로 우리 사회가 바뀌어 갑니다. 그래서 나는 여성들의 모임에서 '분노는 나의 힘'이라고 말합니다. 분노가 생기지 않으면 자신이 당하는 불이익과 불의에, 더 나아가 타인이 당하는 불의에 맞서 대항할 수 없습니다. 그렇게 본다면, 분노는 아름답고 찬란하게 타오르는 자기 안의 고유한 열정인 것입니다.

잘 살펴보면 사람마다 각자 분노의 패턴이 있습니다. 가난한 자가 무시당하는 것을 보면 참을 수 없이 화가 나는 사람이 있고, 타인의 거짓된 모습이나 허영을 보면 화가 나는 사람이 있습니다. 이럴 때 분노는 자신이 가치 있게 여기는 것이 무엇인지를 강하게 지시해 주는 역할을 합니다. 또 강한 미움이나 화를 불러일으키는 타인의 모습에는 내가 보고 싶지 않은 나의 모습이 투영되어 있음을 알면 큰 도움이 됩니다. 자신의 분노를 깊이 이해할 때 자신에 대해 새롭게 인식하게 됩니다. 분노는 사회를 변화시키고 우리 삶의 질을 변화시키는 중요한 에너지입니다.

* * *

자기 감정을 잘 알고 그것과 친구가 되어 길을 걸어가는 사람은 자기를 잘 이해하는 사람입니다. 감정을 열어젖히는 일은 판도라의 상자를 여는 일과 같아서 보고 싶지 않다고, 다시는 생각하고 싶지 않은 아픈 기억들이 괴물처럼 올라올까 봐 두렵다고 하는 사람들이 많습니다. 하지만 감정의 상자를 열 때 올라오는 것은 괴물이 아니라, 잊고 있던 자신입니다. 하나하나 엉킨 실타래를 풀듯이 떠오르는 감정들에 이름을 지어주고, 길들이고, 있는 그대로 받아안을 때, 우리는 자신을 더 깊이 알아가며 깊은 영성을 갖게 됩니다.

예전:
제3의 공간

예전이란 깨져버린 조화로움을
회복할 수 있는 공식 같은 것이다.

– 테리 템페스트 윌리엄스Terry Tempest Williams

'지혜의 원'에서 가장 강렬한 체험이 있다면, 모임을 마치면서 함께
예전ritual을 행하는 시간일 것입니다. 각자의 삶과 내면의 고귀한 것
들을 함께 나눈 자리를 마무리하고 공동체의 체험을 잘 결산하는 예
전은 극적인 감동을 줍니다. 여기서 사람들은 모두 하나가 되어, 앞
으로 나아갈 생의 새로운 지평을 내다보는 엄숙하고 뜻깊은 경험을
하게 됩니다.

제3의 공간

—

어떤 분들은 '예전' 하면 종교적 전례liturgy나 의식rite을 떠올릴 것입니다. 물론 이것들도 일종의 예전이지만, 이 책에서는 좀 더 일상적이고 보편적인 맥락에서 예전을 다룹니다. 문화인류학자 빅터 터너 Victor Turner는 예전을 일컬어 '경계 공간liminal space'을 만드는 일이라고 말합니다. 아프리카 부족의 사춘기 통과의례 연구자인 그가 말하는 경계 공간이란, 삶의 어느 한 구간을 지나 새로운 구간으로 들어가기 직전의 시간과 공간, 사회가 부여하는 새로운 역할을 준비하는 공간입니다. 예전 또한 그와 같은 공간을 만드는 행위라 볼 수 있습니다.

이 개념을 우리 삶에 적용해 볼 수 있습니다. 우리는 살면서 여러 번 역할 변화를 겪습니다. 젊을 때는 학교와 직장에 소속되어 스승과 선배를 만나 자기 몫의 역할을 배우고 자기 자리를 만들어 갑니다. 시간이 지나면서 동료들과의 관계 속에서 더욱 구체적인 역할을 하게 되고, 더 시간이 지나면 새로 들어오는 구성원을 받아들이고 그들을 가르치면서 자신의 역할을 조금씩 나누어 주게 됩니다. 도중에 직업을 바꾸거나 다른 직장으로 옮기게 되면 다시 이런 역할 변화 과정을 거치게 됩니다. 이렇게 우리의 생은 크고 작은 문지방을 넘어가는 과정이라 할 수 있습니다. 이 문지방을 넘는 순간을 극대화해서 의미를 창조하고 새로운 영역으로 걸어갈 수 있는 제3의 공간을 만드는 것이 예전의 기능입니다.

매일매일 똑같은 일상을 살아간다면 예전은 필요하지 않을 것입니다. 하지만 우리의 삶은 변하기 마련이며, 아무런 준비 없이 인생의 새로운 국면으로 들어설 때가 많습니다. 삶의 속도는 가끔 사나운 물살처럼 우리를 전혀 생소한 자리로 데려다 놓습니다. 내가 좋아하는 멕시코의 화가 프리다 칼로의 작품 중에, 〈드러난 삶의 풍경 앞에서 겁에 질린 신부〉라는 그림이 있습니다. 그림에 나오는 신부의 표정에는 급작스럽게 펼쳐진 결혼이라는 현실에 선뜻 뛰어들지 못하는 두려움과 긴장이 생생하게 느껴집니다. 멋진 사랑과 결혼을 꿈꾸던 순진한 처녀가 갑자기 혼례를 치르고 누군가의 아내가 되어 한 가정의 살림을 책임져야 합니다. 모든 여성이 결혼 후 살림을 시작할 때 비슷한 감정을 느낄 것입니다.

이렇듯, 삶의 변화 앞에서 우리는 두려움과 혼란을 느낍니다. 이럴 때 예전은 새로운 국면으로 옮겨가는 일을 수월하게 해주는 가상의 공간이 됩니다. 그 공간에 머무르면서, 우리는 지나간 시간을 돌아보고 그 시간의 질감을 만져 보며 새로운 삶을 준비할 수 있습니다.

여성을 위한 예전

예전은 정해진 예식문이라는 텍스트를 따라가는 종교 의식과는 다릅니다. 예전은 기존의 예식문을 좀 더 자유롭게 변주하면서 전례나 의식의 틀을 깨뜨립니다. 가톨릭의 미사는 가장 형식화된 예전이라고 할 수 있는데, 현대에는 약간의 변형이 가능해지긴 했지만 빵이 그리스도의 몸으로 변하는 성찬례는 아무도 변경할 수 없습니다. 한국의 무교에서 행하는 굿도 기본적 틀이 있고, 그 틀 안에서 신과 무당과 굿을 하는 사람 사이의 상호작용이 일어납니다. 한국 불교에만 있는 영산제도 기본적으로 금강경을 텍스트로 삼고 정해진 순서를 따라 춤과 노래로 그 텍스트를 연주하거나 공연합니다. 이와 달리 예전은 형식적인 구조를 깨뜨리고 새로운 형태의 말과 행위를 수행하여 텍스트 밖의 사소한 경험들이 지니는 의미를 발견하고 창조하는 행위입니다.

기존의 종교 예식이나 사회적으로 엄격히 규범화된 전례나 의식은, 그 규범에 들어가지 않는 대상을 제외시키는 문제가 있습니다. 예를 들면, 가톨릭 전례의 가장 중요한 부분인 미사에서 여성의 경험이나 목소리는 거의 반영되지 않습니다. 여성영성에서 예전을 중시하는 것은 기존 종교 전례들이 여성의 경험을 거의 반영하지 않기 때문입니다.

기독교의 구약 성서, 특히 고대 유대교의 의례서라고 할 수 있는 레위기를 읽어 보면, 여성의 생리나 출산을 부정한 것으로 인식합니다. 생리 중인 여성은 성전에 들어가지 못한다고 못 박고, 출산한 여성은 한 달 넘게 성전 예배에서 소외됩니다. 영국의 인류학자 메리 더글러스Mary Douglas는 깨끗함과 부정함을 구분하는 정결 법규가 외국인과 노예, 특히 여성을 부정하게 보고 여성이 스스로 열등하다고 생각하게 만들었다고 주장합니다.

한편 기존의 공적인 종교 의식들은 죄에서의 구원, 성령을 통한 거듭남, 종말론적 기다림, 십자가와 부활 등 거대 담론에만 치중되어 있어서, 일상에서 경험하는 중요한 사건들을 다룰 여지가 없습니다. 하지만 여성주의 예전은 '미시 담론'에 주의를 기울이고 생활 속에서 경험하는 개인적이고 작은 사건들을 다루고자 합니다. 우리는 개인적인 일은 사소한 것이라고 생각하기 쉽지만, 그것은 한 사회의 정서와 아픔, 경험과 언어를 총체적으로 반영하는 것으로, 결코 사소하다고 치부할 수 없는 가치를 지닙니다.

여성들이 주체가 되어 예전을 기획하고 진행할 때, 굳건한 자아감을 얻게 됩니다. 캐서린 벨Catherine M. Bell이라는 여성주의 학자는 예전이 여성에게 주체성을 경험하는 동기가 되고, 억압적 삶의 체험들을 해체할 수 있게 만든다는 설득력 있는 주장을 펼칩니다.[11] 특별히 여성영성에서 예전은 여성이 살아온 삶의 궤적을 확인하고 새로운 걸음을 내딛는 자리로 환영받아 왔으며, 여성 특유의 창의성과 공동체성을 통해 발전되어 왔습니다. 특히 언어적 차원을 넘어 상징과 이미지를 통해 자기를 찾고 이야기를 풀어 나가는 작업은 예전에서 중요한 비중을 차지합니다.

대학원 과정에서 여성들과 예전 수업을 하면서, 한 학기 동안 자기 삶의 중요하거나 혼란스러운 순간을 예전화ritualization하는 작업을 한 적이 있습니다. 이 수업에서 먼저 하는 일은, 자기 자신 혹은 여성으로서 살아온 자신의 삶을 상징하는 이미지를 가져오는 것입니다. 남미나 아프리카 등 뚜렷한 문화적 정체성을 지닌 여성들은 어렵지 않게 자신을 설명하는 이미지를 떠올렸습니다. 멕시코 출신 여성은 멕시코 음식의 기본이 되는 토르티야를 만드는 맷돌을 가져왔고, 아프리카 레소토에서 온 한 수녀님은 자기 나라의 집 모형을 가지고 왔습니다. 유독 이 작업을 어려워하는 미국 학생들은 대부분 고심 끝에 가족사진을 가져왔는데, 그들은 자신의 정체성을 가족 안에서 이해하는 것 같았습니다.

처음 '지혜의 원'이라는 공간을 꿈꿀 때 내가 염두에 둔 것은, 한국 땅에서 살아가는 한국 여성들을 위한 예전을 만드는 일이었습니다.

우리 한국 여성들은 전통적으로 달 밝은 밤에 큰 원을 그리며 강강술래를 하던 사람들이고, 아픈 친구를 위해 굿을 하며 함께 울어 주던 사람들입니다. 현대를 살고 있는 우리 안에도 이처럼 여성들이 함께 모여 노래하고 춤을 추는 풍부한 공동체적 전통이 여전히 살아 있다고 생각합니다. 나는 이렇게 벗과 함께 큰 산을 넘어 본 기억이 있는 여성들이야말로 예전을 가장 잘 만들어 낼 수 있는 사람들이라고 확신합니다. 그래서 그런지 나는 예전을 진행할 때 한국 여성들에게는 구체적인 방법을 잘 이야기하지 않습니다. 미국 여성들은 아주 구체적인 방법을 주지 않으면 불편해하는데, 한국 여성들은 오히려 막연하게 일러주어야 편안하게 그들만의 특별한 방식을 만들어 내는 것 같습니다.

창의적이고 특별한 예전 안에서 여성들이 자신의 삶의 과제들을 상징화하고 안전하게 대면하며 새로운 의미를 얻는 모습은 참 아름답습니다. 그 안에서 감정을 분출하고 음미해 보면서, 우리는 가장 인간적이고 자기다운 모습을 찾아갑니다. 그리고 그 공간에 함께한 이들과 삶의 깊은 경륜 속으로 함께 걸어 들어갑니다.

예전을 구성하는 것들

삶에는 변화의 시기가 계속 찾아옵니다. 사랑하는 사람과의 이별, 퇴직, 이혼, 이사 같은 예기치 못한 상황이 닥칠 때가 있습니다. 또는 자신이 살아온 인생을 돌아볼 때 기억 속에 깊이 남아 있는 어떤 체험을 떠나보내고 싶을 때도 있습니다. 이런 다양한 상황 속에서 예전을 계획할 수 있는데, 기본 요소를 잘 이해하고 사용하면 예전이 지닌 힘이 극대화되는 경험을 할 수 있습니다. 효율적으로 잘 수행된 예전을 통해 우리는 심리적 소외나 장애를 극복하며 치유를 얻고, 지난 일들을 새로운 눈으로 바라보게 되며, 앞으로 살아갈 삶을 새롭게 전망합니다.

예전을 효율적이게 하는 요소에는 무엇이 있을까요? 첫째는 언어입니다. 미처 정리되지 않은 감정들이 언어의 집을 지을 때 비로소 의미가 생겨납니다. 이 언어화 작업은 스스로 그 경험의 주인이 되어 주체적인 방식으로 수행해야 합니다. 힘든 경험을 하고 괴로워하는 여성이 자기만의 예전을 만들고 싶다면, 어떤 종교적 판단이나 윤리적 기준으로 표현된 언어가 아닌 자신의 고유한 느낌과 생각으로 그 경험을 표현해야 합니다. 예를 들어 유산을 겪은 여성들의 아픔은 일상에서 언어로 표현할 수 있는 수준을 훨씬 넘어섭니다. 예전은 그러한 느낌과 생각을 글로 적거나 이야기하고 표현할 수 있는 공간이 되어 주어야 합니다.

유산을 하고 힘들어하는 한 여성과 예전을 수행한 적이 있습니다. 나는 그녀와 대화하면서, 그녀가 아기에게 잘 가라는 말조차 해 주지 못했고 또 양말 하나 떠 주지 못했다는 사실을 몹시 마음 아파 하고 있음을 알게 되었습니다. 그날 예전의 자리에 모인 두 친구는 마치 아기를 안아 주듯이 그녀를 꼭 안아 주었고, 그녀는 자기가 준비해 온 편지를 읽었습니다. 이어서 친구들은 그녀를 대신해 각자 떠 온 양말과 담요를 내놓으며 아기에게 "잘 가거라" 하고 말했습니다. 끝내 그녀는 미안하다는 말을 하며 눈물을 터뜨렸고, 우리는 그녀를 꼭 안아 주었습니다. 그리고 성경의 시편을 읽고 자장가를 부르며 그녀가 쓴 편지와 양말, 담요를 태웠습니다. 윤리적·종교적으로 허용되지 않는 경험으로 괴로워하는 여성들은 대부분 그 경험을 말로 표현하기 매우 어색해하고 힘들어합니다. 자기만의 언어로 느낌과 생각을 표현할 때, 그 사건의 의미를 이해하게 되고 치유가 시작됩니다. 예전의 자리에서 언어는 큰 힘을 발휘하며 치유를 도와줍니다.

둘째는 연극적 요소입니다. 예전이 일어나는 장소는 어떤 사건과 기억을 온전히 현장화하며, 그것을 지켜보는 사람과 행하는 사람이

다 같이 변화를 체험합니다. 내가 주일학교 교사로 있던 서울의 한 성당은 사순절이면 어린이들이 함께 연극을 공연했는데, 어느 해에 4학년 여자 어린이가 십자가의 길에서 예수님께 손수건을 건네 드리는 베로니카를 연기했던 일이 기억납니다. 그 아이는 예수님을 향한 사랑과 연민을 너무나 실감나게 재현했는데, 예수님 역할을 하던 남자 어린이도 갑자기 무엇인가를 느낀 듯 움직임과 말투가 죽음을 앞둔 예수님처럼 변해 갔습니다. 어린이들의 연극은 예수님의 수난을 현재화했고, 그 공간은 감동으로 가득 찼습니다. 연극이 끝난 후 칭찬을 해주려고 베로니카 역을 한 아이에게 다가갔는데, 그때까지도 그 아이는 눈물이 그렁그렁한 눈으로 손수건을 든 채 서 있었습니다.

그 후로도 많은 사순절 연극을 보았고 많은 베로니카를 만났지만, 그 4학년 어린이가 보여준 베로니카의 인격은 내게 하나의 예전이 되어 감동적으로 살아 있습니다. 이처럼 예전은 그 연극적인 요소로 인해 한 공간에 함께한 모든 사람을 변화시킵니다. 예전 안의 이야기, 몸짓, 눈빛, 감성 들이 한데 모여 삶을 질적으로 변화시키는 힘을 발휘합니다.

셋째 요소는 상상력입니다. 상상력이란 말로 언급되지 않은 것, 형태로 표현되지 못한 것을 보고 맛보는 능력이라고 할 수 있습니다.

상상력을 발휘하려면 우선 상징을 이해해야 합니다. 예전에서 상징은 경험의 주체와 성격을 강조하는 이미지입니다. 그래서 '지혜의 원'에서는 예전의 공간에 원을 상징하는 이미지나 위계를 무너뜨리는 이미지를 사용해 평등을 상상하게 합니다. 예전에 사용한 많은 상징 중 지금도 제 기억에 강하게 남아 있는 것은 어느 은퇴한 여성이 예전의 자리 한가운데 놓아 둔 수제 직조기였습니다. 그것은 반으로 잘린 채 놓여 있었는데, 조기 퇴직으로 미처 완성하지 못한 작품을 그대로 손에서 놓아야 했던 아픔과 상처가 잘라진 직조기로 표현된 것이었습니다.

상징을 표현하기 위해서는 미적 감각도 중요합니다. 색의 미묘한 차이, 상징물의 위치, 빛의 위치와 강도, 벽 색깔이나 장식 등 모든 것이 예전의 의미를 잘 상징화할 수 있을 때 상상력이 활발히 살아납니다.

우리 삶의 의미를 찾는 일에서 예전이 효율적인 것은, 무엇보다이 상징의 힘 때문일 것입니다. 예전을 행하는 사람은 글, 그림, 이미지 같은 상징을 실제로 만지고 만들면서 몸으로 직접 그 상황을 마주하고, 그때 겪었던 감정과 체험을 안전하게 재현합니다. 이 과정을 통해, 그 경험 속에 담긴 삶의 의미를 깨닫고 자신의 깊은 느낌을 새롭게 이해하게 됩니다.

장미 정원

—

아주 드문 일이지만, 피정을 지도하면서 누군가를 위해 예전을 만들어 주고 싶다는 생각을 할 때가 있습니다. 산타크루즈에서 있었던 여름 피정에서 만난 한 수녀님은 일흔이 훨씬 넘은 분으로, 초등학교 도서관 사서였습니다. 우리는 그 피정에서 하루 종일 홀로 기도하고, 하루에 한 시간씩 묵상한 내용이나 하고 싶은 이야기를 서로 나누기로 했습니다. 수녀님은 좀 우울해 보였지만 나이에 비해 건강한 편이었습니다. 수녀님은 요즘 수도 생활에 기쁨이 없다고 말씀하셨고, 나는 이유를 물었습니다. 그분은 오랜 친구였던 동료 교사들이 퇴직을 하거나 몇몇은 돌아가셨고, 같이 사는 수녀님들과는 그다지 가깝지 않아서 많이 외로웠다고 하셨습니다. 그래도 수녀원의 공간, 책을 펼쳐 놓고 일하는 도서관, 자신이 가꾸는 장미 정원, 빵을 굽거나 요리할 때 쓰는 정겨운 도구들 등에 의지해서 그럭저럭 지냈다고 했습니다.

그러던 어느 날, 수녀님은 갑자기 정든 공간을 떠나 원하지 않는 곳으로 옮겨 가게 되었습니다. 그 수도회의 장상(지도자) 수녀님이 일주일 후에 새로운 공동체로 옮겨 가라고 명령을 내렸기 때문입니다. 짐을 싸기조차 힘든 상황에서도 순명順命 서원[12]을 발한 수도자로서 그분은 아무런 불평 없이 차로 한 시간 정도 떨어진 다른 수녀원으로 옮겨 갔습니다. 그런데 그 이후로 마음에 즐거움이 사라졌습니다. 마음이 너무 힘들어 기도를 하면, 이런 일쯤은 수도 생활에서 아무것도 아닌데 장소에 집착하는 자신이 우습다는 생각마저 들었다고 합니다. 하지만 기도를 마치면 다시 서글픔이 마음을 채워 우울하고 사는 것이 의미가 없어져 버렸습니다.

수녀님께 새로운 곳으로 옮기고 나서 무엇이 가장 아쉽냐고 묻자, 그 공간에서 보낸 시간이 아쉬운 건지 혹은 다른 무엇 때문인지 잘 모르겠다고 했습니다. 그래서 나는 수녀님과 함께 이전에 살았던 공간과 작별하는 예전을 마련했습니다. 먼저 그분에게 그 공간을 그려 보라고 했습니다. 수녀님은 수줍게 웃으시며, 그림을 잘 못 그려서 못하겠다고 했습니다. 우리는 바닷가로 나갔고, 나는 긴 막대기로 수녀님이 기억하고 싶은 공간의 이름을 모래 위에 적어 보도록 했습니다. 해가 진 저녁 바닷가는 한적했는데, 수녀님은 먼저 '장미 정원'이라고 적었습니다. 나는 그 단어를 중심으로 동그란 원을 그렸습니다. 그리고 그 공간을 상상하며 원 안을 천천히 걷도록, 그분이 가꾸던 장미가 있는 정원에 사랑스런 작별의 인사를 하도록 했습니다. 그리고 우리는 원 밖으로 나왔고, 이내 밀려온 파도에 그 공간은 지워졌습니다.

그러고 나서 수녀님은 다시 모래 위에 '도서관 책상'이라고 적었습니다. 이번에도 나는 커다란 원을 그렸습니다. 수녀님은 이 공간에 작별 인사를 했는데, 이번에는 그 안에 한참을 머무르셨습니다. 일요일이면 느긋하게 신문을 읽고, 수업안을 짜고, 시험 답안을 채점하던 그 책상에서 한참을 머문 후, 수녀님은 '안녕' 인사를 하고 아주 천천히 원 밖으로 걸어 나오셨습니다. 수녀님과 나는 이번에도 천천히 다음 파도가 와서 그 공간이 지워지길 기다렸습니다. 마지막으로 수녀님은 '부엌'이라고 적고 그 밑에 국자, 냄비, 프라이팬 등을 적었습니다. 그분에게 많은 기쁨과 추억을 준 부엌이라는 공간에 큰 원을 그리자 수녀님은 이번에도 그 공간을 서성이다 작별을 고하고 밖으로 걸어 나왔습니다. 우리는 아무 말 없이 한참 동안 바닷가를 걸었습니다.

수녀님은 이 이별식을 하면서, 이사 일정이 너무 짧아 자신이 살던 공간과 급작스럽게 분리되었고, 그래서 새로운 공간을 받아들일 여유가 없었다는 것을 깨달았다고 했습니다. 우리는 새롭게 살아갈 공간을 축복하는 기도와 새로운 사람들과 맺을 관계를 위해 기도했습니다.

그러고 보니, 아무런 준비 없이 갑자기 요양원으로 떠나야 했던 내 어머니도 떠오릅니다. 엄마는 얼마나 힘들었을까요? 평생 아끼던 안방의 가구들과 이별할 여유 같은 것은 전혀 없었고, 엄마는 그저 말없이 새로운 환경을 받아들이셨습니다. 그때 나는 미국에서 공부하고 있었기에 엄마가 요양원으로 가신 후 한참 만에 방문을 했는데, 그곳을 낯설어하는 내게 오히려 그곳이 얼마나 좋은지 설명하시는 엄마의 모습이 더욱 안쓰러웠습니다. 그래서인지 나는 개인적으로, 노인 요양원으로 가는 우리의 어머니들과 함께 예전을 하고 싶은 바람이 있습니다.

여성의 삶은 아무래도 섬세합니다. 세월에서 오는, 혹은 삶의 일상에서 체험하는 미세한 섭섭함과 아픔은 풀기가 어렵습니다. 예전을 통해 상징적인 공간을 만들면, 그 안에서 해결되지 않은 감정의 실마리를 끄집어내고 대면할 수 있습니다. 이런 의미에서 예전은 대표적인 제3의 공간입니다.

친구들과 함께하는 예전
—

여성의 예전에서 무엇보다 중요한 것은 공동체성입니다. 앞의 예에서 보듯이, 예전은 혼자서 하는 경우가 드뭅니다. 앞에서 소개한 수녀님의 경우도 저와 함께 공간을 만들었으니 공동체적이었다고 할 수 있겠지요. 예전을 계획할 때는 자신을 지지하는 친구들이나 다른 여성들을 초대해서 함께하도록 합니다. 이 예전에 초대받는 사람들은 예전의 주인공을 이해하고 공감할 수 있도록 준비를 하게 됩니다. 예전을 준비하는 사람은 초대한 사람들에게 예전의 순서나 준비할 물건을 미리 알려주어 마음의 준비를 하게 합니다.

여성의 모임에서 가장 많이 하는 예진은 초경을 시작한 소녀를 위한 예전, 출산을 앞둔 여성을 위한 예전, 아이를 잃었거나 유산한 여성을 위한 예전, 퇴직을 앞둔 여성을 위한 예전, 폐경기를 맞은 여성을 위한 예전, 이사 가는 여성을 위한 예전, 이혼 혹은 사별한 여성을 위한 예전, 죽음을 앞둔 여성을 위한 예전 등 헤아릴 수 없이 많습니다.

지금껏 가장 아름다웠던 예전은 죽음을 준비하는 예전이었습니다. 암으로 죽어 가는 베티라는 여성이 있었는데, 그녀는 자신의 장례식 계획을 짜고 친구들에게 초청장을 보냈습니다. 초청장에는 그녀와의 추억이 담긴 사진 파일을 하나씩 보내 달라는 말이 적혀 있었습니다. 예전은 병원 정원에서 진행되었고, 그녀는 자신이 가장 좋아하는 드레스를 입고 화사하게 화장을 하고 친구들을 맞았습니다. 어릴 적부터 함께 자란 친구들과 직장 동료를 포함해 10여 명이 모였습니다. 그녀는 참석한 모든 친구들에게 고맙다는 인사를 한 후, 좋아하는 음악을 들으며 예전을 시작했습니다. 초대받은 사람들은 한 사람씩 베티와 맺었던 관계와 그녀의 아름다운 성품을 보여주는 일화들을 나누었습니다. 우리는 함께 울고 웃으며, 친구들이 보내 준 사진들을 함께 보았습니다. 그리고 마지막으로 생의 다음 목적지를 향해 떠나는 그에게 축복의 인사를 나누었습니다. 늘 유머 감각이 풍부했던 그녀는 즐겁게 자기 생을 마감하는 예전을 마쳤습니다. 그리고 일주일 후 세상을 떠났습니다.

기억에 남는 또 다른 예전은, 한국인 아이들을 입양한 미국 친구 진이 생리를 시작한 한국인 딸 케이트를 위해 준비한 예전이었습니다. 예술 능력이 남다른 케이트는 직접 초대장을 만들었습니다. 보라색과 노란색으로 장식한 아름다운 카드에는 여성의 길로 들어서는 떨리는 마음을 담은 글과, 준비물로 비즈를 가져오라는 초대의 글이 예쁜 손글씨로 쓰여 있었습니다. 진의 집에 가 보니 남편과 아들들은 집을 비워 주기 위해 외출을 했고, 그 자리에 있는 이들은 모두 케이트를 아는 여성들이었습니다. 우리는 동그랗게 앉아서 케이트에게 축복의 메시지를 주었습니다. "첫 생리는 당황스럽지만, 너는 아름다운 여성으로 거듭나는 거야." "하루하루 더 아름다워지기를." "지혜가 충만하기를 바란다." "여성의 길에 들어온 것을 환영한다." 등등의 따스한 말들이었습니다.

예전의 마지막 순간에는 준비해 간 비즈를 모두 내어놓았습니다. 모인 사람은 모두 열두 명이었는데, 열두 개의 비즈에 진이 엄마에게 받은 보석이라며 고운 지갑에서 꺼낸 진주알까지 합쳐 목걸이를 만들었습니다. 케이트는 좀 어색해 보이기도 했지만, 예전이 모두 끝나고 이 여성의 원에 자기를 받아들여 주어서 감사하다고 말했습니다. 케이트가 결혼을 하고 또 그녀의 딸이 자리 초청을 하면, 모두 열세 개의 비즈가 딸에게 전해질 것입니다.

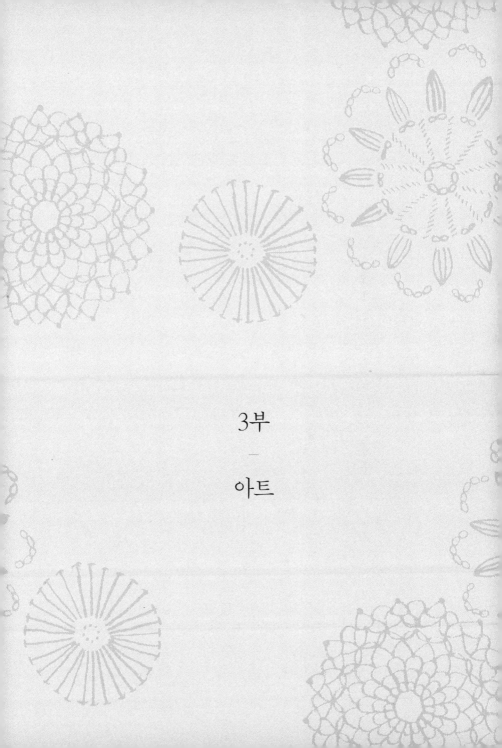

3부

─

아트

주님, 제가 짜고 있는 삶이라는 수를 보니,
엉켜 버린 매듭도 많고 느슨한 부분도 있어 엉망입니다.
그러나 그것은 오직 제가 수의 뒷면만 보는 까닭이지요.
- '직녀의 기도' 중에서

3부 제목을 '아트art'라고 지은 것은, 여기 소개하는 자료들이 요리
책처럼 똑같이 따라 할 수 있는 매뉴얼이 아님을 밝히기 위해서입
니다. 좋은 프로그램이 있다고 하면 그것을 가져와 그대로 실행하
면 된다고 생각하는 사람들이 있는데, 그것은 오해입니다. 아트라는
말의 뉘앙스에서 보듯이, 이 작업들은 진행하는 사람의 기질과 스타
일, 모인 사람들의 분위기에 따라 창의적이고 유연하게 여러 형태로
진행할 수 있습니다. 그러니까 진행하는 사람은 어떤 규칙이나 테크

닉에 얽매이기보다, 기본 얼개를 계획하고 준비했더라도 만나는 사람들의 역동이나 필요에 적절히 반응하고, 미리 준비한 것을 창조적으로 변형하는 능력이 필요합니다.

여는 작업

시작은 어느 모임에서나 가장 중요한 순간일 것입니다. 특히 참석자들이 편안한 마음으로 모임에 참여하고, 부담 없이 자신의 경험을 나눌 수 있도록 배려하고 준비하는 것이 중요합니다. 여는 작업은 자신이 특별한 자리에 초대되었음을 인식하고, 마음을 가다듬을 수 있게 해줍니다. 여기서 진행자는 간단하게 모임의 의미와 방향을 안내하는데, 진행자가 자신을 소개할 때에도 장황해지지 않게 주의하고 한 사람의 여성으로서 이 모임이 얼마나 소중한지를 나누면 좋을 것 같습니다. 진행자는 참석자들이 오기 전에 공간을 잘 준비해 놓고, 시작 시간 10분 전에는 준비가 다 되지 않았더라도 바쁜 손놀림을 멈추고 모임에 오는 사람들을 맞을 마음의 준비를 합니다.

원 만들기 —

이 모임에서 모든 작업과 나눔은 원의 형태를 띱니다. 좌석은 원형으로 배열합니다. 그리고 좌석으로 만든 원의 정중앙focal point에 장식을 하는데, 이 중앙 장식 역시 원을 상징하는 물건을 사용합니다. 서로를 연결한다는 의미를 상징하는 그물 혹은 뜨개질 도구, 전통적으로 여성들의 소통 장소를 상징하는 우물, 양동이, 바가지 같은 소품도 의미가 있습니다. 돌이나 털실 등 이후의 작업에 쓸 도구도 좋고, 생명을 상징하는 푸른 화분이나 물을 사용하기도 합니다. 무엇보다 중요한 것은 이 자리가 중심으로부터 똑같은 거리에 있는 점들의 집합인 원임을 드러내는 것입니다.

이러한 모임을 준비할 때 쉽게 간과하는 것이 미감입니다. 아름다운 장식은 많은 사람에게 섬세한 감동을 주고 마음 깊은 곳을 건드립니다. 원을 상징하는 것을 사용한다는 대원칙 아래, 중요한 것은 창의성입니다. 예를 들어, 망사, 천, 한지 등을 바닥에 깔면 분위기가 훨씬 안정되고 아름다워집니다. 이때 색깔은 은은한 것이 좋습니다. 많은 여성 모임들은 여성주의를 대표하는 색으로 보라색을 자주 사용합니다. 여러 색의 천을 깔 때는 서로 비슷한 색을 선택합니다. 가령 보라에 연보라나 분홍을 배색하면 안정된 느낌이 납니다. 여러 가지 강렬한 색을 함께 쓴다거나 보색을 쓰는 것은 추천하지 않습

니다. 색감이 아주 뛰어난 사람이 아니라면 비슷한 색으로 장식하는 것이 무난합니다. 걸개그림 등으로 벽면을 장식하는 것도 좋습니다. 구석이나 벽에 걸어 둔 좋은 글귀, 예술 작품은 종종 뜻하지 않게 커다란 의미로 다가옵니다.

촛불은 의미 있는 공간을 연출할 수 있습니다. 중앙에 초를 준비해 두고 여는 자리에서 촛불을 밝히는 것은, 모든 사람의 지혜와 빛이 한곳에 모인다는 의미가 있습니다. 휴식을 시작하는 신호로 촛불을 끄고, 휴식 후 다시 모임을 시작할 때 종을 울리며 초를 점화하면 사람들의 마음이 자연스럽게 한자리에 모입니다. 음악을 사용하는 경우, 진행자가 익숙하지 않으면 오히려 흐름을 방해할 수 있습니다. 어느 정도의 볼륨이 적합한지, 어떤 종류의 음악이 좋을지를 잘 숙고해서 선택하기 바랍니다.

여는 작업 —

여는 작업이란 처음 서로를 소개하고 알아가는 모든 작업을 말합니다. 사람들이 모두 도착하면 원으로 배열된 자리에 앉도록 초대합니다. 시작하는 작업에서 가장 중요한 것은 편안한 느낌, 그리고 판단 없이 받아들여진다는 느낌을 주는 것입니다.

처음 자신을 소개하는 자리는 누구나 어색합니다. 그래서 자신을 소개하는 방법으로 직접적인 것보다는 은유적인 것이 좋습니다. 낯선 사람들 앞에서 자신의 내면을 어디까지 열어 놓아야 할지 판단하기 어렵기 때문에 마음이 불편하고 긴장될 수밖에 없습니다. 이름과 직업 등으로 소개하면 모임이 자칫 딱딱해지고 형식적으로 흐르기 쉽습니다. 직업은 그 사람의 사회적 지위를 나타내기 때문에 이런 자리에서는 어울리지 않습니다.

진행하는 사람은 이 시간에 원의 정의와 기본 원리를 설명합니다. 우리는 이 자리에서 세상의 논리를 따라 가진 자와 못 가진 자, 배운 자와 못 배운 자로 나뉘는 것이 아니라, 이 세상을 살아가다 잠깐 쉬어 가는 자리에 모여 서로 배우는 길동무로서 원 안에서 동등합니다. 또한 이곳에서 서로의 경험을 나누며 소중한 지혜를 배웁니다. 그리고 진행자는 '서로 판단하지 않고 답을 주려고 하지 않는다'는 원칙을 강조합니다. 이 모임에서 서로 하지 않으면 좋을 것들을 함께 정하고, 적어 두고, 지키게 하면 누구나 편안하고 안전한 느낌을 가지게 됩니다.

처음에는 자발적으로 이야기하기가 쉽지 않으므로, 팝콘 스타일로 자유롭게 하는 나눔은 피하는 것이 좋습니다. 그렇게 하면 적극적이고 외향적인 사람들이 주도하게 되기 때문에, 순서를 정하거나 이야기를 마친 사람이 다른 사람을 초대하는 형식을 사용해 소극적인 이들을 배려하는 것이 좋습니다. 여기서 몇 가지 여는 작업의 예를 소개합니다.

- 내가 쓰고 싶지 않은 모자: 자기 소개를 할 때, '내가 쓰고 싶지 않은 모자' 혹은 '벗고 싶은 모자'를 이야기합니다. 피정을 이끄는 사람은, 평소에 자신이 하고 있는 역할 중 정말 내려놓고 싶은 역할 하나를 이야기하는 시간이라고 설명합니다. 미국의 교포 여성들과 함께한 '지혜의 원' 모임에서 '내가 쓰고 싶지 않은 모자'를 나누었는데, 한 여성이 "미국에 살면서 영어 못하는 이민자 아줌마" 모자를 벗고 싶다고 했습니다. 그러자 여기저기서 박수와 웃음이 터져 나왔는데, 그곳에 모인 대부분의 여성이 공감하는 이야기였기 때문입니다. 그의 자연스럽고 정직한 나눔 덕분에 다른 여성들도 자신을 누르고 있는 것에 관한 이런저런 이야기를 쉽게 나누었습니다. 어떤 여성은 "대학에 가지 못한 모자"를 벗고 싶다고 했고, 한 여성은 "새벽에 가게에 나가 문 여는 모자"를 벗고 싶다고 이야기했습니다. 또 한 여성은 "시댁 일에 매우 열심인 효자 남편의 마누라라는 모자"라고 이야기했습니다. 이들은 이민자만이 느끼는 상황에 공감하며, 다른 참석자의 얘기에 웃기도 하고 눈물을 흘리기도 하면서 금세 하나의 원이 되어 갔습니다. 짧고 간단한 방법이지만, 이 나눔은 참석자들을 금방 가까워지게 하고 자신의 상황을 부담 없이 나눌 수

있게 도와줍니다.

- 나누어 주고 싶은 마음과 가져가고 싶은 마음: 원의 중심에 놓은 촛불이나 빈 항아리를 가져다가 한 사람씩 "이 지혜의 원에 내가 가지고 온 마음은 ○○○이고, 이 지혜의 원에서 가져가고 싶은 마음은 ○○○입니다"라고 말합니다. 예를 들면, "이 모임에 내가 가지고 온 마음은 그리움이고, 내가 이 지혜의 원에서 가져가고 싶은 마음은 기쁨입니다"라고 나눌 수 있습니다. 이 작업은 긍정적일 수도 있고 부정적일 수도 있는 각 개인의 현재 마음 상태를 돌아보게 해주고, 이 모임에서 자신이 얻고자 하는 바를 생각하게 해줍니다.

한 사람이 자기 순서를 마치면, 옆에 있는 사람에게 촛불(혹은 빈 항아리)을 건네줍니다. 이때 순서를 마친 사람은 다음 사람이 나누기 전에 잠깐의 공백을 두고 침묵합니다. 대부분의 참가자들이 막연한 기대를 가지고 오는데, 이렇게 자신의 목적을 분명히 하면 그 목적을 생각하면서 모임에 임할 수 있기 때문에 개인의 성장에 더 도움이 됩니다. 물론, 결과적으로 자기가 생각한 것과 다른 것을 얻고 배우는 경우도 많지만, 목표를 생각하고 모임에 임하는 태도는 마음의 결을 훨씬 예민하게 다듬어 줍니다.

- 나는 바람입니다: 동물, 과일, 식물, 날씨, 색깔, 음식 등의 범주를 정한 다음, 각자 그 범주 안에서 자신을 대변하는 것을 골라 이

름표에 적고 그 뜻을 설명합니다. 예를 들어, 날씨를 선택했다면 이름표에 '비 오는 날'이라고 적습니다. 그리고 비 오는 날이 뜻하는 바를 설명합니다. 어떤 사람에게 비 오는 날은 아늑함, 따스함, 커피와 낮잠 같은 편안함을 뜻할 수도 있겠고, 또 어떤 사람에게는 바람 부는 벌판에 서서 우산 없이 비를 맞는 상황을 뜻할 수도 있을 것입니다.

언젠가 로스앤젤레스에서 진행한 모임에서 한 자매가 "초콜릿이 막 녹아 흐르는 크루아상"이라고 적고, 요즈음 자신의 감성이 이렇게 흘러나오는 것 같다고 이야기한 적이 있습니다. 우리는 모두 참 아름다운 표현이라고 감탄했는데, 사실 그녀에게 초콜릿은 달콤함과 동시에 쌉쌀함이었음을 나중에 알게 되었습니다. 이처럼 어떤 매개가 있을 때 우리는 훨씬 깊은 자신의 모습을 바라보게 되고, 다른 사람과 나누기도 수월합니다.

- 주사위 던지기: 주사위를 준비해서 한 사람씩 주사위를 던집니다. 그리고 나온 숫자만큼 자기에 대한 것들을 알려줍니다. 예를 들면 3이 나오면 자기에 대한 것 세 가지를 소개하고, 1이 나오면 꼭 한 가지 소개하고 싶은 것을 정해서 이야기를 나눕니다. 여기서 주의할 것은 나이, 학교, 자녀 수, 직업 같은 정보들을 소개하는 것은 의미가 없다는 점입니다.

• 돌 쌓기: 모임 시작 전에 정원을 산책하면서 자기의 모습을 담은 돌을 주워 옵니다. 그리고 함께 모였을 때 그 돌에 이름을 붙여 주고, 그것을 선택한 이유와 이름의 의미를 설명합니다. 이는 자연스럽게 혼자 조용한 시간을 가질 수 있게 해주는 장점이 있고, 스스로 이름을 지어 보며 본인이 원하는 자신의 모습을 구체적으로 생각하게 도와줍니다. 이 작업을 변형할 수도 있습니다. 돌을 두 개 주워 옵니다. 그리고 자신이 가지고 있거나 가지고 싶은 것, 예를 들어 '창의성' '친절함' '현명함' 등의 단어들을 적어 하나는 자기가 갖고 하나는 앞으로 가지고 나와 돌탑을 쌓아 올립니다. 이 돌쌓기는 한국인의 정서에도 익숙한데, 원래 미국 인디언들이 사용하는 예전으로 서로의 지혜를 쌓아 하나의 탑을 만들고 그 탑에 담긴 지혜를 공유한다는 의미를 갖습니다.

• 단어 뽑기: 마음을 열기에 좋은 어구나 단어를 종이에 적어 접어 두고, 모임에 들어오기 전 한 명씩 무작위로 뽑게 합니다. 여는 작업에서 종이를 열어, 각자가 뽑은 단어가 준 느낌이나 생각을 간략하게 나누면서 자신을 소개합니다. 소개를 마치면 그 카드를 원 한가운데 놓인 빈 바구니 안에 넣습니다. 이 카드에는 주로 상징적인 단어를 적습니다. 예를 들어 '여정' '길' '나그네' '죽음' '고향' '떠남' '머무름' '동반' '외로움' '홀로' '함께' 등 비교적 여운이 있는 단

어들을 적어 두면, 내면의 정서를 이끌어 내는 데 효과적입니다. 경험상 무작위로 뽑은 단어가 주는 의미에 놀라워하는 사람이 많았습니다. 정말 생각하고 싶지 않던 일들이 떠오르기도 하고, 뜻하지 않게 아주 행복한 기억 속에서 기쁨을 느끼기도 합니다.

- 상징물 나누기: 함께 기억하고 싶거나 자리에 초대하고 싶은 다른 여성의 사진이나 상징물을 미리 가져옵니다. 초대하고 싶은 사람이란, 여성으로서 살아온 삶의 여정에 깊은 영향을 주었거나 영감을 준 사람, 혹은 자신과 가장 가까운 사람입니다. 한 사람씩 나와서 그 사람을 소개하고, 중앙에 그 사람의 사진이나 상징물을 놓습니다. 많은 여성들이 자신의 삶을 이야기할 때 어머니 혹은 할머니를 초대합니다. 이러한 이야기를 함께 들으면서 많은 이들이 눈물을 흘리며 감동을 느낍니다. 모두 알다시피 어머니와 딸의 관계는 무척 깊고 아름다우며, 그 속에는 여러 갈래의 긍정적 기억과 아픔이 공존합니다. 이 자리에서 눈물은 자연스러운 것이고, 또 충분히 존중되어야 합니다.

소개가 끝나면 프로그램 일정을 소개합니다. 또 여러 가지 필요한 안내를 해주고, 본 프로그램이 시작되기 전까지 잠깐 휴식을 취합니다. 참가자들이 자신을 잘 돌아볼 수 있도록 조용한 분위기를 유지하도록 합니다.

몸 작업

우리 몸은 생각보다 많은 것을 이야기하고 또 기억합니다. 몸은 정서 또는 기억을 끄집어내는 통로이기도 하고, 생각과 느낌을 표현하는 통로이기도 합니다. 몸짓은 기억을 확대하고 또 강화합니다. 몸 작업에는 직접 몸을 쓰는 춤과 다양한 몸짓, 몸에 관해 묵상하고 생각하는 작업 등 여러 가지가 있는데, 최근 여성영성에서 몸 작업에 관한 연구가 활발해지고 다양해지는 것은 바람직한 일이라고 생각합니다. 특히 이런 작업은 개인보다는 그룹으로 할 때 훨씬 효과적입니다.

몸 작업의 기본 구도는 '시작하는 몸 작업-본 작업-종료하는 몸 작업'입니다. 여기서 소개하는 몸 작업은 춤 치료사 과정에서 공부하게 되는 체이시안 춤 치료Chacian dance movement therapy 모델과, '지혜의 원' 그룹 및 시애틀 대학교의 대학원 과정 영성 수업에서 얻은 자료에 바탕을 둔 것입니다.[13]

시작하는 몸 작업 —

• 동작 지어내기: 원으로 둘러앉아 한 사람씩 고유한 동작을 시도합니다. 먼저 그 사람이 하는 동작을 잘 보고, 그 동작을 그대로 따

라합니다. 이는 몸 작업의 시작으로 아주 적합하며, 몸의 긴장을 풀고 사람들이 서로를 알아갈 수 있게 도와줍니다. 동작 지어내기는 일정 기간 몸 작업을 하는 그룹의 경우 시작 프로그램으로 계속 사용할 수 있습니다. 한 주간의 삶을 돌아보며, 어떻게 보냈는지, 어떤 느낌을 겪었는지 표현하는 겁니다. 진행자는 그 동작의 특징을 유념해서 보아 두는 것이 좋습니다. 어떤 동작이 그 사람에게 어떤 의미인지를 관찰합니다. 그리고 그 동작이 어떻게 변해 가는지도 유념해서 보아야 합니다. 또한 한 사람의 동작을 전체 그룹이 보고 따라해 보았을 때 어떤 느낌인지, 그 사람에게 피드백을 주는 것도 좋은 방법입니다.

내가 춤 치료사 수료 과정 중 첫 수업에서 만난 그룹은 나처럼 그냥 춤이 좋아서 온 학생들도 있었지만 춤을 전공한 사람들도 여럿 있어서 몸이나 몸의 움직임에 대해 어려움이 없어 보였습니다. 그런데 막상 동작을 시작하자, 그들의 동작에서 주저함이나 두려움 등이 나타났습니다. 특히 전문 무용수가 되기를 포기하고 춤 치료사가 되기로 한 여학생은 특히 어려워했습니다. 그의 춤사위는 따라 하기가 무척 어렵고 까다로웠습니다. 나중에 들어보니, 발레리나가 되기 위해서 혹독하게 체중을 감량해야 했기에, 그에게 춤사위는 체중이 늘었을 때 받았던 비난과 자괴감을 상기시켜 주는 어떤 것임을 알게 되었습니다. 함께 춤 작업을 한 다른 학생들도 급하게 방향을 바꾸고 갑자기 몸을 꺾는 동작 등을 따라 하면서 분노 혹은 심한 감정의 기복 등을 느꼈다고 나누어 주었고, 그 학생은 춤이 자신에게는 즐거움이 아니라는 것을 어렵게 깨달았습니다. 그런가 하면 자기 기분을 표현하라고 하니 발가락만 까딱 움직인 학생도 있었습니다. 그 즐거움, 가벼움, 단순함은 우리를 모두 아이와 같은 마음으로 돌아가게 해주었고, 우리는 무장해제가 되어 즐겁게 작업을 할 수 있었습니다. 나는 과연 어떤 동작을 할까요? 내가 손을 들고 내리는 하나의 동작이 내가 누구인지, 나는 어떤 느낌을 가지고 사는 사람인지를 알려주는 단서가 됩니다.

• 거울 작업mirroring : 거울 작업은 말 그대로 상대방의 거울이 되어 주는 작업입니다. 거울은 영성에서 많이 쓰는 상징으로, 자기를 바라본다는 의미를 지닙니다. 따라서 거울 작업의 목적은 상대에게 거울이 되어 줌으로써 그가 스스로를 바라보게 하는 것입니다. 그런데 여기서 중요한 것은, 누군가의 거울이 되어 준다는 것이 그저 카메라처럼 기계적으로 상대방을 찍어 주는 일이 아니라는 점입니다. 사실 사진은 사진작가의 시각에 따라 같은 피사체도 다르게 찍히며, 엄밀한 의미에서 객관적인 사진이란 있을 수 없습니다. 마찬가지로, 거울 작업도 먼저 상대의 마음 상태와 자기의 상태를 조율한 후 상

대의 움직임이 자신에게 보이는 바를 표현하는 작업으로, 일종의 해석 행위라고 할 수 있습니다.

거울 작업을 할 때는 상대방의 몸짓을 그대로 복사하기보다 인상적인 부분을 강조해서 표현하는 것이 좋습니다. 상대의 움직임에서 어떤 한 동작이 굉장히 의미 있게 다가올 때 그 부분을 좀 강조해서 표현해 주면 상대방이 이 동작을 주시하게 됩니다. 중요한 것은 자신이 읽은 감정과 분위기를 그대로 전달하려고 노력하는 것입니다.

동작을 하는 사람은 자신의 동작을 보여주는 상대를 관찰하면서 자신의 느낌이나 움직임을 스스로 관찰해 봅니다. 어떤 때는 동작을 하다가 감정이 북받쳐서 눈물을 흘리거나 예상하지 못했던 감정을 체험하는 경우가 종종 있습니다. 그때는 동작을 멈추고 그 의미를 찾습니다. 그리고 이 감정이 무엇인지를 잘 살펴봅니다. 춤 작업이나 요가 스튜디오에 가 보면 눈물을 흘리는 사람들을 자주 보는데, 몸에 귀를 기울이면 눌러 두었던 감정들이 올라오기 때문인 것 같습니다.

이 작업에서는 춤을 추거나 커다란 동작을 만들 수도 있고, 서로를 마주보고 앉아 얼굴 표정으로 표현할 수도 있는데, 중요한 점은 말이 아닌 다른 수단으로 자신을 표현한다는 것입니다. 막연히 동작을 하라고 하면 몸동작에 익숙하지 않은 사람들은 불편해하는 경우가 있으므로, 가장 기뻤던 순간이나 힘들었던 순간을 기억하면서 그때의 느낌을 몸으로 표현하게 하면 쉽게 작업할 수 있습니다. 특히 누구에게도 말할 수 없었던 기억들을 오직 몸으로 표현하는 이 작업은, 나누는 사람에게 자유를 주고 치유를 가져오기도 합니다. 아무리 서투르더라도 일단 표현이 시작되면 어떤 표현이든 나오는 그대로, 연상되는 대로 따라가는 것이 중요한데, 이런 점은 진행하는 사람이 자주 상기시켜 줄 필요가 있습니다.

거울 작업이 끝나면 서로 대화하는 시간을 가집니다. 어떤 느낌을 받았는지, 또 상대가 강조한 동작이 있다면 그 동작이 가진 의미가 무엇이었는지 대화를 나눕니다. 나눔이 끝나면 몸을 풀어 줍니다. 함께 몸동작을 하거나 자유롭게 춤을 추면서, 함께한 작업을 정리합니다. 그리고 역할을 바꾸어 동일한 방식으로 진행합니다.

마무리는 두세 명이 한 그룹이 되어서 할 수도 있고, 자연스럽게 한 그룹으로 함께 어울려 춤을 추면서 마무리할 수도 있습니다. 자연스럽게 공동 작업으로 진행되면 그렇게 하고, 흐름이 중단되면 다시 큰 원으로 돌아와 침묵 속에서 내면을 향하도록 도와주는 느린 호흡과 동작으로 마무리합니다.

인터플레이 ―

인터플레이interplay는 여러 사람이 함께 하는 몸 작업으로, 몸으로 스토리텔링을 할 수도 있고, 어떤 의미를 띤 동작을 만들어 낼 수도 있습니다. 인터플레이는 여러 사람이 한 조가 되어 한 가지 주제를 가지고 호흡을 맞추는 것이 특징입니다. 예를 들어 나무를 표현한다고 하면, 서너 사람이 한 그룹이 되어 나무를 표현합니다. 나뭇가지에 달린 나뭇잎을 표현할 수도 있고, 뿌리와 몸체와 가지를 표현할 수도 있습니다. 주제가 길이라면 어떤 그룹은 몸과 몸을 나란히 해서 길을 만들기도 하고, 어떤 그룹은 손을 높이 올리고 그 위에 천을 올리기도 합니다.

구성원 간의 호흡이 잘 맞으면, 점점 추상적인 개념을 가지고 작업할 수 있습니다. 예를 들어, 기다림과 고통, 어두움 같은 인간의 실존적인 경험을 추상화해서 몸으로 표현하기도 합니다. 공동의 주제가 있는 경우, 이것을 몸으로 표현해 볼 수도 있습니다. 예를 들어 "너희가 서로 사랑하라"는 성경 메시지를 가지고 인터플레이를 해 보면, 어떤 그룹은 서로 사랑하는 모습을 직접 보여주기도 하고, 손과 손을 모아 하트를 만들기도 하고, 둘씩 등을 맞대고 '사람 인' 자를 만들어 내기도 합니다.

인터플레이의 장점은 무엇보다 재미에 있습니다. 함께 어울려 이런 작업을 하면 쉽게 친해지고 분위기가 즐거워집니다. 몸이나 춤에 익숙하지 않은 사람들도 거부감 없이 자신의 몸에 접근할 수 있는 계기가 되기도 합니다. 인터플레이를 지속적으로 해 나가면서 창의적인 새로운 몸짓과 주제들이 끝없이 나오는 것을 보아 왔습니다. 그리스도인들의 모임이 있다면, 이것을 함께 드리는 기도나 공동 명상으로 사용해도 좋을 것 같습니다. 내가 아는 시애틀과 버클리의 어느 교회에서는 한 달에 한 번 인터플레이로 예배를 드립니다.

바디 이미지 보기 —

이 작업은 상상력을 이용해서 자신의 바디 이미지를 보는 묵상법입니다. 제2부에서 설명했듯이 바디 이미지는 몸에 대한 자신의 주관적인 느낌과 판단입니다. 우리는 이 묵상을 통해 자기 몸에 대해 자신이 지닌 이미지를 전반적으로 볼 수 있습니다. 작업이 시작되면 일단 모두 편안한 자세를 취합니다. 눕고 싶으면 바닥에 편안히 누워도 좋습니다. 진행자는 다음과 같이 읽어 줍니다.

어느 날 여러분의 집에 초대장이 한 장 도착했습니다. 초대장을 열어 보니, 어떤 조각가가 당신의 모습을 조각한 작품을 보러 오길 바란다고 쓰여 있습니다. 그 초대장에는 날짜와 장소가 적혀 있습니다. 자, 이 소식을 들은 당신은 지금 어떤 느낌입니까? 기쁜가요? 아니면 약간 두려운가요? 당황스럽습니까? 자랑스럽습니까?

이제 당신은 그 전시장으로 향합니다. 전시장 문은 유리로 되어 있고, 당신은 그 문을 열었습니다. 여기저기 다른 조각가의 작품들도 보입니다. 그럼 당신의 조각은 어디 있나요? 앞쪽에 있습니까? 한가운데 있습니까? 아니면 뒤쪽 구석에 있습니까? 만약 구석에 있다면, 햇살이 가득 들어오는 창문 가까이 있습니까?

또 당신의 조각은 무엇으로 되어 있습니까? 나무입니까? 대리석입니까? 아니면 유리입니까? 무슨 색깔입니까?

그 조각에는 제목이 붙어 있습니다. 어떤 제목입니까? 당신은 그 제목이 마음에 드십니까?

자, 이제 조각을 천천히 바라보십시오. 어떤 느낌입니까? 당신의 조각은 어떤 모습이고, 어떤 동작을 하고 있나요? 얼굴 표정, 몸매 등을 보면서 그 자리에 머무르십시오.

(10-15분이 지난 후) 자, 이제 당신은 다른 작품들도 둘러봅니다. 어디 마음에 드는 작품이 또 있나요? 그리고 다시 당신의 조각으로 돌아옵니다. 당신의 조각을 한번 만져 보세요. 어떤 느낌입니까? 그리고 마지막으로 작별 인사를 하세요. 이제 서서히 그 전시장을 빠져나옵니다.

그리고 나서 눈을 뜨고 자신의 경험을 적어 보게 합니다. 적은 것을 3인 1조가 되어 나눕니다. 진행자는 한 사람에게 10분을 할애하여, 전체 30분을 줍니다. 그리고 다시 큰 원으로 돌아와서 자신이 들은 이야기 중 마음에 다가온 것을 나눕니다. 그런 다음 이 묵상에서 드러난 상징들, 예를 들어 조각이 검은 대리석이었다면 그것은 무슨 의미인지 혼자 생각하는 시간을 갖습니다.

몸의 역사 지도 만들기 body mapping ─

이 작업은 여성으로서 자신의 몸이 전 생애 동안 어떻게 변화해 왔는지를 살펴보고, 그것을 역사 지도로 만드는 것입니다. 눈을 감고 묵상할 수도 있고, 도화지에 도표를 그려 볼 수도 있습니다. 여기서는 도표를 만들어 보는 방법을 설명할 것입니다. (준비물: 칼라펜, 도화지, 노끈 혹은 스카프)

모두 편안한 곳에 자리를 잡고, 타임라인을 그립니다. 첫 지점은 초경이 일어난 때로 잡습니다. 그때 느낌과 자신의 상태는 어떠했는지 이미지로 표현해 봅니다. 특별히 떠오르는 이미지가 없으면, 이 시기와 관련하여 대표적으로 떠오르는 장면을 기술해 보거나, 형용사를 써서 표현합니다. '설레는' '불편한' '다치기 쉬운' 등 여러 가지 형용사를 사용할 수 있습니다.

둘째 지점은 20대로 합니다. 여성으로서 자신이 무엇을 하고 있었는지, 자기 성sexuality과 관련지어 돌아봅니다. 임신을 경험한 여성도 있을 것이고, 유산을 경험한 여성도 있을 것입니다. 결혼, 직장 생활 등 그때 자신이 지녔던 몸에 대한 경험과 느낌을 이미지로 표현해 봅니다. 형용사나 색깔로 표현할 수도 있습니다.

셋째 지점은 30대입니다. 출산, 수유의 경험을 통해 몸이 어떻게 변해 갔는지, 변한 몸에 대해 어떤 느낌을 가졌는지 이미지로 표현합니다.

넷째 지점은 40대입니다. 40대를 지나며 몸이 어떻게 변했는지, 성적인 욕구가 어떻게 표현되었는지를 생각해 봅니다. 그러고 나서 40대의 자신의 몸을 이미지로 표현합니다.

다섯째 지점은 50대입니다. 생리가 없어지고, 갱년기 증상으로 얼굴이 화끈거리고, 당황스러울 만큼 땀이 많이 나는 몸을 생각해 봅니다. 흰머리와 주름이 생기는 자신의 몸과 좋은 관계를 유지하고 있는지, 자기 몸은 사회의 이미지와 통념에 어떻게 반응하고 있는지 살펴봅니다. 이 시기의 자기 몸 혹은 자신의 몸에 대한 태도를 이미지로 표현해 봅니다.

마지막 지점은 현재입니다. 지금까지 자기 삶을 담아내고 지지해 준 몸을 있는 그대로 바라봅니다. 자신이 경험한 모든 두려움과 아픔, 기쁨을 감싸 안았던 몸을 묵상합니다. 주름이 패고 수술 자국이 난, 혹은 뚱뚱해지거나 말라 버린 자기 몸을 감사한 마음으로 바라봅니다. 그리고 준비가 되면 "당신은 아름답습니다"라고 몸에게 이야기합니다.

마지막으로 줄이나 스카프를 이어 길을 만들어 놓고 그 길을 따라 각자 자신의 몸의 역사를 걸어 봅니다. 이때 길은 달팽이 모양으로 만드는데, 안에서 시작해 밖으로 나올 수도 있고, 밖에서 시작해 안에 머물 수도 있습니다. 길 위에 순서대로 10대에서 60대에 이르는 표지를 만들어 놓을 수도 있고, '초승달' '보름달' '그믐달' 형식으로 표시할 수도 있습니다.

마치는 몸 작업: 몸 묵상 —

이 묵상은 몸 작업 종료 부분에 할 수 있는 작업입니다. 신체의 모든 기관이 자기를 유지하고 있음을 생각하면서, 몸의 모든 기관에게 인사합니다. 몸의 부위들을 가볍게 마사지하면서 감사를 표현합니다.

• 눈: (손으로 눈자위를 마사지하면서) 보고 싶은 것들을 보여주고, 잠들기 전까지 열심히 일하는 눈에게 감사하다고 말합니다.

• 코: (손으로 코를 마사지하면서) 냄새를 맡게 해주니 감사하다고 말합니다.

- 입: (입을 마사지하면서) 말을 하게 해주고, 음식을 받아들여 영양을 섭취하게 해주니 감사하다고 인사합니다.
- 위: (마음으로 위를 상상하고 명치 부분을 마사지하면서) 늘 쉬지 않고 음식을 소화해 주니 감사하다고 말합니다.
- 장: (마음으로 소장. 대장을 상상하고) 영양분을 흡수해 주니 감사하다고 말합니다.
- 척추: (등뼈를 목 뒤부터 아래로 마사지하면서) 몸 전체를 지탱하는 수고에 감사하다고 말합니다.
- 다리: (다리를 골고루 마사지하면서) 어디든지 가고 싶은 데로 데려다 줘서 고맙다고 말합니다.
- 자궁: (자궁을 상상하고 아랫배를 마사지하면서) 여성으로서의 삶에 동반해 주어서 고맙다고 이야기합니다.
- 가슴: (젖가슴을 마사지하면서) 여성성의 상징이 되어 주고, 자녀를 양육해 주어서 고맙다고 이야기합니다.
- 머리: (머리를 마사지하면서) 생각을 담아 주어서 고맙다고 이야기합니다.
- 그리고 마지막으로 이제 더 이상 자기 지체로 남아 있지 않은 지체에 대해서도 감사했다고 이야기합니다.

나눔을 수월하게 하는 도구들

—

• 매직 노트: 크레용과 사인펜, 종이를 준비합니다. 아무 주제나 선택해서, 자신에게 익숙하지 않은 손으로 그림을 그립니다. 즉 오른손잡이는 왼손으로, 왼손잡이는 오른손으로 그림을 그립니다. 이 작업은 그림 그리기에 자신이 없더라도 누구나 두려움 없이 자신을 창의적으로 표현하도록 도와줍니다. 마음이 정리가 잘 안 되고 갈피를 잡기 어려울 때 혼자 해도 좋은 작업입니다. 그림을 그리면서, 자신이 어떤 색깔을 쓰고 싶어 하고 또 어떤 패턴으로 색을 입혀 가는지 등을 살펴봅니다.

그림을 다 그린 후 제목을 붙이고, 그림을 보면서 무엇이 느껴지는지 나눕니다. 다른 구성원들도 그 그림에 대한 느낌을 이야기해 줍니다. 이 작업은 서로 마음을 조금씩 열어 가는 데 도움이 되므로, 모임 앞부분에 하는 것이 좋습니다.

• 만다라 만들기: 준비물은 오래된 잡지와 풀, 가위, 도화지입니다. 그동안 '지혜의 원' 작업을 해 오면서 가장 많은 여성들이 자신을 발견하는 데 도움이 되었다고 이야기하는 것이 만다라 만들기입니다. 만다라는 원래 티베트 불교에서 스님들이 묵상하는 것으로, 원 안에 우주를 상징적인 형태로 표현해 놓은 그림입니다. 삶과 죽음,

이승과 저승, 남성성과 여성성 등이 상징적으로 표현되는데, 모래의 색깔이 잘 어우러져 무척 아름답습니다. 티베트 스님들은 주로 모래로 만다라를 만들고, 다 만들면 다시 모래를 흩트려 지우면서 만물의 무상함을 묵상합니다.

보통 동서남북 네 방위를 의미하는 신을 각각 다른 색깔로 표현하고, 구획을 나누고, 균형에 맞추어 기하학적으로 도형을 배열하는 이 작업은 짧게는 한 주, 길게는 여러 달에 걸쳐 완성됩니다. 하지만 이 공간에서는 그런 구도나 형식을 무시하고 자기 안에서 표현하고자 하는 것들을 배열합니다. 이 작업에서 관건은 어떤 것을 표현하겠다고 의도적으로 생각하지 않는 것입니다. 이것은 어떤 이미지나 문구가 자신에게 '다가오도록' 마음의 생각들을 비우는 작업이기 때문입니다.

잡지를 펼쳐서 마음에 닿는 문구나 그림을 자유롭게 잘라 도화지에 붙입니다. 이때 아름답게 장식하려고 색을 배합하는 데 몰두하지 않도록 유의해야 합니다. 그저 자유롭게 자기 마음에 드는 이미지와 글을 도화지에 배열하면 됩니다. 작업을 마치면 각자 자기의 작품을 묵상합니다. 어떤 글이 사용되었고 어떤 이미지들이 있는지, 또 그것은 자기 삶에 어떤 뜻을 지니는지 생각해 봅니다. 다음으로 두세 명이 한 조가 되어 상대의 작품에서 느껴지는 것들을 이야기하고 자

기 해석을 구성원들과 나눕니다.

- 사물과의 대화: 어떤 한 가지 사물을 대화의 파트너로 선택합니다. 이때 역시 의도적으로 선택하기보다는, 침묵하고 산책하면서 자신에게 다가온다는 느낌을 주는 사물을 택합니다. 그리고 그 사물을 응시하고 관찰합니다. 어떤 해석을 내리려 하지 말고, 그저 그 사물을 마주하고 그것이 어떻게 생겼는지, 어떤 색깔인지 등을 관찰합니다. 그러고 나서 서서히 대화를 시도합니다. 중요한 질문을 할 수도 있고, 하고 싶은 이야기를 해도 됩니다. 그리고 질문에 대한, 혹은 자신이 들려준 이야기에 대한 응답을 기다립니다. 사물이 들려준 이야기가 있으면 적습니다. 그 자리를 떠나 다시 한 번 사물이 자신에게 준 응답을 생각해 보고, 얻은 지혜를 적습니다.

경청하기

—

경청하기는 프로그램이기보다 모든 관계와 대화에 적용되는 기본 원리라고 할 수 있습니다. '지혜의 원'에서 경청 작업은 '준비하기-인지하기-응답하기-마침' 순으로 되어 있습니다. 준비하기는 상호적인 것으로, 말하는 사람도 경청하는 사람도 온전히 집중할 준비가 되도록 마음을 모으는 과정입니다. 인지하기는 이야기를 듣는 동안 경청하는 사람 안에서 일어나는 일련의 생각이나 느낌을 스스로 알아차리고, 말하는 사람에게 집중하는 내적 역동입니다. 응답하기는 말하는 사람에게 도움이 되도록 질문을 하거나 확인해 주는 과정입니다. 경청 작업의 마무리는, 서로에게 감사하는 시간입니다.

준비하기 ―

1) 생각을 멈추고 육체적·심리적·영적으로 말하는 사람을 향합니다.
2) 화자에게 경청할 준비가 되었다고 눈짓이나 손짓으로 알려줍니다.

인지하기 ―

1) 모든 감각을 사용해서, 말하는 사람을 이해하려고 노력합니다. 예를 들어 화자가 언어를 통해 소통하고자 하는 것은 무엇인지, 몸은 어떤 자세를 취하고 있는지, 얼굴 표정은 어떤지, 어떤 말을 생략하거나 건너뛰는지 등을 알아내려고 노력해야 합니다. 이야기가 어떻게 전개되는지, 주제는 무엇인지, 어떤 리듬을 가지고 이야기하는지 등을 인식합니다.
2) 자신의 반응을 이해합니다. 이야기를 들으면서 스스로 어떤 생각과 감정과 감각을 경험하고 있는지 인식하고, 노트에 빨리 기록

하고, 다시 이야기하는 사람에게 집중합니다. 자기의 생각에 골몰해서는 안 되며, 내면의 반응이나 떠오르는 생각이 무엇인지 알아채고 노트에 간단히 표시하는 정도로 합니다. 이 부분은 청자가 자기를 알아가는 데 중요한 단서가 될 수 있지만, 엄연히 이야기하는 사람에게 자기를 내어주는 시간이므로 그 사람에게 주의를 집중해야 합니다. 화자의 이야기에 판단을 내리거나 해결안을 주려는, 혹은 그 이야기에 자기 해석을 보태고 싶은 욕구를 인식하고, 그 욕구를 내려놓는 작업이 중요한 핵심입니다.

응답하기 –

1) 말하는 사람에게 계속 집중합니다.

2) 상대의 이야기에 자기의 감정을 조율하면서 고개를 끄덕이거나 "음" "맞아요"와 같이 반응합니다.

3) 말하는 사람의 이야기를 확인해 주고 틀린 부분이 있으면 고칠 수 있게 합니다. 예를 들어, "좀 전에는 그렇게 말씀하셨는데, 지금은 이렇게 말씀하시네요. 내가 잘못 들은 건가요?" 하는 식으로, 일관성이 없거나 혼란스러운 점을 질문하는 것이 중요합니다. 그러나 이 확인은 말하는 사람에게 도움을 주기 위한 것이지, 청자의 호기심이나 알고 싶은 욕구를 채우기 위한 것이 아님을

유념해야 합니다.

또한 들으면서 중요하게 느껴진 부분을 간단히 이야기합니다. 예를 들어, "이야기를 들으면서 참 용감하다는 생각이 듭니다" "어머나, 정말 힘드셨겠군요" 같은 이야기는 공감을 전달해 줍니다. 또 들으면서 말하는 사람에 대해 알아낸 것을 이야기해 줍니다. 예를 들어, "기쁘다고 이야기하셨는데, 눈가에는 눈물이 맺혔어요" 혹은 "아까 친구 이야기 하실 때는 목소리가 많이 격앙되고 얼굴이 상기되었어요"라고 이야기해 주면, 말하는 사람은 자신의 감정을 더 깊이 바라볼 수 있습니다.

4) 말하는 사람의 흐름을 따라갑니다. 자신의 호기심을 따라, 혹은 자신의 평소 화법대로 세밀한 부분을 물어보는 일은 없어야 하고, 말하는 사람의 이야기를 즉각 해석하려 하지 않도록 유의합니다. 예를 들어, 자기가 듣기에는 상처받은 이야기 같은데 말하는 사람은 상처를 준 이야기라고 말한다면, 상처에 관한 스스로의 판단이나 해석을 보류하고 상대방의 흐름을 따라갑니다. 또한 말하는 사람이 이야기를 하다가 주제를 놓치고 다른 이야기를 하는 것 같으면, 잠깐 중단하고 "원래 이런 이야기를 하셨는데, 이후 어떻게 되었나요?" 하고 질문해서 이야기가 방향을 제대로 잡을 수 있도록 도와주어야 합니다.

5) 무엇보다 기억할 것은, 말하는 사람은 누구보다 예민하고 다치기 쉽다는 점입니다. 자신의 내면을 열어 보인다는 것은 용기 있는 일이고, 그 내면의 이야기를 자신에게 들려준다는 것은 감사한 일입니다. 그러므로 듣는 사람은 감사한 마음을 지녀야 하고, 또 나누어 주어서 감사하다고 이야기할 수 있어야 합니다.

마침 —

1) 마치는 시간은 섬세하게 진행되어야 합니다.

2) 모든 나눔은 비밀이 유지됨을 확인해 줍니다.

3) 청자와 화자의 역할을 바꾸기 전에 침묵 속에서 충분한 시간을 가집니다.

4) 청자는 상대방에게 귀한 선물을 받았음을 알고, 감사와 존경을 가지고 그 선물을 마음에 담습니다. 물론 이 작업은 화자와 청자가 함께 성장하는 영성 훈련임을 모두가 잘 알고 있어야 합니다.

마치는 예절

마치는 예절은 모임의 주제를 다시 한 번 환기하고, 여기서 얻은 지혜를 나누어 가지는 시간입니다. 말하자면 추수 후의 이삭줍기 같은 작업으로, 다른 사람이 얻은 지혜를 통해 배우는 시간입니다. 또한 마지막 예절은 헤어짐의 시간, 각자 다른 일상의 자리로 돌아가기 전에 서로에게 축복을 해주는 시간입니다.

그물 짜기 ―

그물 짜기는 '지혜의 원' 피정에서 가장 중요한 예절입니다. 이는 모임을 통해 얻은 지혜를 함께 나누는 시간입니다. 그물을 짜기 전에 이 모임에서 얻은 것을 혼자 생각하고 적어 보는 시간을 가집니다. 그런 다음 진행자가 다음과 같이 말하며 그물 짜는 법을 알려줍니다. "이제, 이 모임을 통해 얻은 지혜로 그물을 짜겠습니다. 우선 각자가 얻은 지혜를 나누어 주시고, 손가락에 실을 건 후 다른 분에게 실타래를 던져 주세요." 먼저 시작하는 사람이 실을 자신의 손가락에 걸고, "이번 모임을 통해, 기다리는 것이 소중한 일임을 알게 되었습니다" "함께하는 것이 힘이 된다는 것을 깨달았습니다" 등 마지막으로 하고 싶은 말이나 축복의 말을 해줍니다. 그리고 말을 마치면 "이제 이 실타래를 ○○○님께 넘깁니다" 하고 말하며 그 사람 쪽으로 실타래를 던집니다. 그 사람도 똑같이 실을 손가락에 건 후 나눔을 하고 다른 사람에게 실타래를 던집니다.

이렇게 그물이 완성되면, 한 사람이 자기 쪽으로 그물을 잡아당겨 봅니다. 한쪽에서 잡아당기면 당연히 다른 누군가의 손가락이 아픕니다. 이 작업을 되풀이하면서 서로가 연결되었음을 확인한 후, 진행자가 가위로 그물을 여기저기 자릅니다. 그물은 해체되고 각 사람은 그물의 일부분을 손에 쥐게 됩니다. 모두가 함께 나누어 가진 이 실을 어떤 사람들은 예쁜 병에 담아 두기도 하고, 매듭을 만들기도 합니다. 진행자는 그 실을 또 다른 새 실에 이어서, 다른 그룹에 가져갑니다. 이렇게 이어지는 실 조각들은 여성들의 지혜가 나누어지고 또다시 모이는 것을 상징합니다.

돌탑 쌓기 —

깨끗하게 씻은 작은 돌들을 쌓아 놓고 모임을 시작하면서 각자 두 개씩 고릅니다. 그리고 모임 중간중간 묵상이나 나눔을 할 때 그 돌을 쥐어 보고 느끼게 합니다. 마치는 예절을 할 때, 함께 둘러앉아 모임 시작부터 끝까지 함께했던 작업이나 나눔 등 전체 프로그램을 다시 돌아보는 시간을 갖습니다. 진행자가 프로그램을 하나하나 짚어 주고 내용을 설명해 주면서 참여자들이 그 시간을 기억하게 해주어도 좋고, 그때그때 찍었던 사진들을 슬라이드쇼로 보여주어도 좋습니다. 가장 깊은 지혜를 준 작업이나 나눔이 무엇이었는지를 생각하도록 초대하고, 마지막으로 그것을 한 단어로 표현하게 합니다. 각자 준비가 되면 두 개의 돌 위에 그 단어를 씁니다. 그리고 한 사람씩 나와 가운데 마련된 둥근 사기 접시나 대접에 자기 돌 하나를 쌓고, 자기가 쓴 단어는 무엇이며 그것이 무슨 뜻인지를 나눕니다. 그리고 나머지 돌 하나를 가지고 돌아갑니다.

인사하기 —

한 사람씩 돌아가며 "당신은 아름답습니다" 하고 인사합니다. 이때 지도하는 사람은 시간이 너무 길어지지 않도록 종을 쳐 주는 것이 좋습니다. 첫 번째 사람이 두 번째 사람과 인사를 나눈 후, 그 두 번째 사람은 처음으로 인사 나눈 사람의 뒤를 따라가면서 다음 사람과 인사합니다. 이 인사는 '지혜의 원'에서 만나 지혜를 나눈 각 사람 안에 있는 아름다움을 강조해 주는 의미를 지닙니다. 서로 "당신은 아름답습니다"라고 인사를 나누고 눈을 맞춘 후에는, 상대의 어떤 나눔이 나에게 도움이 되었다든지, 깊이 생각하게 해주었다든지, 구체적으로 이런저런 감사의 이야기를 나누어 봅니다.

맺는 말

'지혜의 원'은 단 한 번으로 끝나는 모임이 아니라 지속되는 여성들의 공간입니다. 나는 피정이라는 틀을 통해, 여성의 아프고 부서진 마음이 지닌 아름다움과 그 안에 깃든 힘을 경이로운 마음으로 대면했습니다. 내 삶이 힘들고 버겁게 느껴질 때, '지혜의 원'에서 만난 자매들의 이야기와 투쟁이 나를 다시 일어서게 했습니다. 우리 사회에 이런 공간들이 많이 생겨나기를 소망하는 마음으로, '지혜의 원' 혹은 그와 유사한 모임을 준비하는 이들을 위해 몇 가지 제안을 하고 싶습니다.

첫째, '지혜의 원'은 살아 있는 유기체입니다. 유기체는 결코 작위적이지 않습니다. 그저 함께함으로써 서로의 이야기를 판단 없이 나누고 경청하며 각자의 삶을 풍요롭게 하는 자리입니다. 그래서 누가 이 모임을 주도하느냐도 별로 중요하지 않습니다. 기본적인 틀만 만들어 놓은 다음 리더십을 서로 나누면 좋겠습니다. 정보를 공유하고 만나는 장소를 제공하는 정도로 최소화된 리더십을 부담 없이 순서대로 맡는 것입니다. 왜냐하면 이 공간은 권위와 힘을 모든 사람이 공유하는 자리이기 때문입니다.

둘째, 유기체는 자연스러운 만큼 지저분함과 혼돈을 포함합니다. 여기서는 어떤 결과물이 중요한 것이 아니라 과정 그 자체에 의미가 있음을 알아야 합니다. 자신만의 관점을 가지고 살아온 여성들이 고유한 삶의 경험을 나누는 이 자리는 어떤 답이나 결론도 유보합니다. 그 혼란과 복합적인 감정을 그대로 존중하고 기꺼이 보듬는 것이 바로 '지혜의 원'의 중요한 특성입니다.

마지막으로, 유기체는 생명과 관련됩니다. '지혜의 원'은 시작과 끝, 탄생과 죽음이 자연스럽게 받아들여지는 공간입니다. 이 모임이 얼마나 커지고 잘되는지는 중요하지 않습니다. 주어진 공간 안에서 삶을 나누는 충만한 현재가 중요할 뿐입니다. 이곳은 바로 '지금 이 순간' 여성들이 삶의 자유와 균형감을 얻고, 앞으로도 더 많이 더 깊이 자유롭고 균형 있는 삶을 살아가기를 꿈꾸는 자리입니다.

이런 유기체적 공간을 만들기 위해서는 최소한 갖추어야 할 조건이 있습니다. 여기서 말하는 조건이란, 어떤 규칙이나 도덕률이라기보다 모임에 임하는 마음 자세라 할 수 있습니다. 첫째, 열린 마음입니다. 자신과 전혀 다른 상황에서 살고 있는 여성의 이야기와 경험을 자신의 가치와 조건으로 판단하면, 나눔이 가지는 생명은 소멸됩니다. 이야기를 나누는 사람도 듣는 사람도 열린 마음으로 판단 없이 들어 주고 존중할 때, 아직 의미를 찾지 못한 체험들이 서서히 사람들 안에서 의미와 빛을 새롭게 찾아갈 것입니다. 여기서 나누어지는 이야기들은 여성으로서의 삶을 살고 그 의미를 배워 가는 과정에 주어지는 선물입니다. 그렇기에 자신의 가치와 도덕관을 잠시 내려놓고 다른 여성들에게 용기와 확신을 주는 존재로 참여해야 합니다.

둘째, 나눔을 통해 상처를 받거나 화가 나더라도 다른 사람을 비난하지 말아야 합니다. 우리는 누군가가 한 이야기에 쉽게 상처받고 분노합니다. '어떻게 저런 이야기를 할 수 있는가!' 하는 생각으로 그 사람을 싫어하기도 하고 비난하기도 합니다. 이런 상처 때문에 다른 여성들과의 나눔을 기피하는 경우도 종종 보게 됩니다. 하지만 누구도 그 자리에서 상처를 주거나 화를 돋우려는 의도가 없다는 점을 늘 기억해야 합니다. 자신 안에 일어나는 감정에 대해 다른 사람을 비난해서는 안 됩니다. 다른 여성이 한 이야기에 상처를 받았다면, 자신이 왜 상처를 받았는지, 자신 안의 어떤 부분이 자유롭지 못한 것인지를 바라보아야 합니다. 또 화가 난다면, 왜 자신이 그런 이야기에 화가 나는지를 잘 살펴보아야 합니다. 특히 다른 사람들이 사기 마음을 다 알아서 상처가 되는 말은 결코 하지 않을 것이라는 기대를 가져서는 안 됩니다. 또한 자신 역시 다른 사람에게 상처가 되는 말을 할 수도 있음을 기억해야 합니다. 그래서 나눔은 용기 있는 일이고, 다른 사람 안에 좋은 동기가 있음을 신뢰하는 고단한 영적 수업입니다.

셋째, '지혜의 원'은 각자가 영적으로 성장해 가기 위한 모임이라는 점을 기억해야 합니다. 이곳은 각자 다른 길을 가는 사람들이 잠시 함께 모여 서로 경청하고 공감하고 또 도전하면서, 삶의 지평을 넓히고 삶에 대한 이해에 깊이를 더하는 공간입니다.

자칫 외롭고 혼자 길을 걷고 있다는 생각에 마음이 아득해지는 삶의 순간순간에, 한자리에 둘러앉아 서로의 삶을 경청해 주고 거울이 되어 주는 것은 가장 따스한 사랑의 행위라고 생각합니다. 이렇게 지친 마음을 위로받고, 나누어 받은 지혜로 마음을 다잡아 다시 각자의 자리로 돌아갈 때 우리 삶의 기반은 훨씬 탄탄해지고 삶의 결도 더욱 아름다워지리라 믿습니다. 수많은 여성의 인격 안에 깃든 여성성이 자유와 기쁨으로 활짝 피어나기를 소망합니다.

주

1 Carol Gilligan, *In a Different Voice*(Cambridge, Mass: Harvard University Press, 1993).《다른 목소리로》(동녘 역간).

2 관계성이 여성의 발달에 미치는 영향에 대해서는 Judith V. Jordan, Alexandra G. Kaplan, Jean Baker Miller, Irene P. Stiver, Janet L, Surrey가 공저한 *Women's Growth In Connection: Writings from the Stone Center*(New York: The Guilford Press, 1991)을 보라. 이 부분에 관심 있는 독자들은 스톤 센터에서 나온 Judith V. Jordan, Maureen Walker, Linda M. Hartling(eds), *The Complexity of Connection: Writings from the Stone Center's Jean Baker Miller Training Institute*(The Guilford Press, 2004)을 보라. 또한 Judith V. Jordan(ed), *The Power of Connection: Recent Developments in Relational-Cultural Theory*(New York: Routledge, 2013)은 친밀한 관계 속에서 성장한 여성들이 창의성과 유연성이 높음을 강조한다.

3 Valerie Estelle Frankel, *From Girl to Goddess: The Heroine's Journey through Myth*

and *Legend*(McFarland: North Carolina, 2010), pp. 173-197.

4 Martin Shaw, *Snowy Tower: Parzival and the Wet, Black Branch of Language* (Ashland, OR: White Cloud Press, 2014).

5 여기서 어둠이라고 표현한 실제 단어는 demon(악마)이다.

6 온라인 스탠포드 철학 백과사전의 '라캉' 항목 참조. http://plato.stanford.edu/entries/lacan/

7 시 "As Kingfishers Catch Fire" 중에서.

8 미국 장로교에는 주교가 있고, 주교단 모임을 가진다.

9 인간이 느끼는 기본적 감정의 종류, 감정을 이해하고 다루는 방법 등은 6장에서 상세하게 다룬다.

10 슈워츠 쉐이버Schwartz P. Shaver 같은 학자들은 인간의 기본 감정을 아래와 같이 분류한다.

1차적 감정	2차적 감정	3차적 감정
사랑 love	애착 affection	흠모adoration, 애착affection, 사랑love, 애호fondness, 좋아함liking, 끌림attraction, 관심caring, 자애tenderness, 공감compassion, 감상sentimentality
	욕망lust	흥분arousal, 욕구desire, 욕망lust, 열정passion, 심취infatuation
	갈망longing	갈망longing
기쁨 joy	쾌활 cheerfulness	재미amusement, 행복bliss/happiness, 쾌활cheerfulness, 흥겨움gaiety, 신남glee, 명랑jolliness, 유쾌joviality, 기쁨joy, 환희delight, 즐거움enjoyment, 반가움gladness, 의기양양함jubilation/elation, 흡족satisfaction, 황홀ecstasy, 희열euphoria
	열의zest	열광enthusiasm, 열성zeal, 열의zest, 흥분excitement/exhilaration, 전율thrill

기쁨 joy	만족contentment	만족contentment, 즐거움pleasure
	자부심pride	자부심pride, 승리감triumph
	낙관optimism	열렬함eagerness, 희망hope, 낙관optimism
	매혹enthrallment	매혹enthrallment, 몰입rapture
	위안relief	위안relief
놀람 surprise	놀람surprise	놀라움amazement, 경악astonishment, 놀람surprise
분노 anger	짜증irritation	화남aggravation, 짜증irritation, 동요agitation, 약오름annoyance, 뾰로통함grouchiness, 언짢음grumpiness
	격분exasperation	격분exasperation, 좌절frustration
	격노rage	분노anger, 격노rage, 격분outrage, 울화fury, 노여움wrath, 적개심hostility, 격정ferocity, 쓰라림bitterness, 미움hate, 증오loathing, 경멸scorn, 앙심spite, 복수심vengefulness, 싫어함dislike, 억울함resentment
	혐오disgust	혐오disgust, 역겨움revulsion, 멸시contempt
	시기envy	시기envy, 질투jealousy
	고뇌torment	고뇌torment
슬픔 sadness	고통suffering	괴로움agony, 고통suffering, 아픔hurt, 비통anguish
	슬픔sadness	침체depression, 체념despair, 절망hopelessness, 침울gloom, 시무룩함glumness, 슬픔sadness, 불행unhappiness, 비탄grief, 비애sorrow, 비통woe, 비참misery, 우울melancholy
	실망 disappointment	낙심dismay, 실망disappointment, 불쾌displeasure
	수치shame	죄책감guilt, 수치shame, 후회regret, 회한remorse

슬픔 sadness	무시감 neglect	소외감alienation, 고립감isolation, 무시감neglect, 외로움loneliness, 거부감rejection, 패배감defeat, 낙담dejection, 불안insecurity, 난처함embarrassment, 굴욕감humiliation, 모욕감insult
	동정심sympathy	연민pity, 동정심sympathy
두려움 fear	공포 horror	불안alarm, 충격shock, 두려움fear, 섬뜩함fright, 공포horror, 무서움terror, 공황panic, 히스테리hysteria, 치욕mortification
	초조함 nervousness	염려anxiety, 초조함nervousness, 긴장tenseness, 거북함uneasiness, 우려apprehension, 걱정worry, 괴로움distress, 두려움dread

11 Catherine M. Bell, *Ritual Theory, Ritual Practice*(Oxford University Press, Oxford, 2009).

12 수도자들은 모두 정결, 청빈, 순명의 3대 서원을 한다.

13 체이시안 춤 치료는 여러 사람이 함께 즉흥적으로 몸 동작을 만들고 춤을 추면서 치유가 일어날 수 있음을 강조하는 것이 특징이다. 이 치료법을 고안한 마이안 체이스의 이름을 따서 체이시안 춤 치료라고 부른다.

사려 깊은 수다

초판 1쇄 발행	2016년 4월 10일
초판 3쇄 발행	2019년 6월 1일

지은이	박정은
발행인	임혜진

발행처	옐로브릭
등록	제2014-000007호(2014년 2월 6일)
주소	서울시 용산구 독서당로 6길 16, 101-402 (140-912)
전화	(02) 749-5388
팩스	(02) 749-5344
홈페이지	www.yellowbrickbooks.com

ISBN 979-11-953718-5-3 (03190)